塔尔寺志略——遍显明镜

༄། །གདན་ས་ཆེན་པོ་སྐུ་འབུམ་བྱམས་པ་གླིང་གི་དཀར་ཆག་ཀུན་
གསལ་ལྷ་བའི་མེ་ལོང་ཞེས་བྱ་བ་
བཞུགས་སོ། །

却西·洛桑贝丹龙日加措　著
陈庆英　陈立华　王晓晶　译注

青海人民出版社

图书在版编目（CIP）数据

塔尔寺志略：遍显明镜 / 却西 · 洛桑贝丹龙日加措著；陈庆英，陈立华，王晓晶译注 . -- 西宁：青海人民出版社，2020.9

ISBN 978-7-225-06028-6

Ⅰ . ①塔… Ⅱ . ①却… ②陈… ③陈… ④王… Ⅲ . ①塔尔寺—概况 Ⅳ . ① B947.244

中国版本图书馆 CIP 数据核字 (2020) 第 175770 号

塔尔寺志略：遍显明镜

却西 · 洛桑贝丹龙日加措　著

陈庆英　陈立华　王晓晶　译注

出 版 人　樊原成

出版发行　青海人民出版社有限责任公司

西宁市五四西路 71 号　邮政编码：810023　电话：（0971）6143426（总编室）

发行热线　（0971）6143516 / 6137730

网　　址　http://www.qhrmcbs.com

印　　刷　青海雅丰彩色印刷有限责任公司

经　　销　新华书店

开　　本　787 mm × 1092 mm　1/32

印　　张　5.375

字　　数　80 千

版　　次　2021 年 1 月第 1 版　2021 年 1 月第 1 次印刷

书　　号　ISBN 978-7-225-06028-6

定　　价　28.00 元

谨以此书纪念却西·洛桑贝丹龙日加措活佛

译者说明

本文的藏文原本是塔尔寺却西活佛洛桑贝丹龙日加措于20世纪80年代初所写，当时塔尔寺刚恢复宗教活动和开放旅游，国内外前来朝佛和访问的信众日渐增多，急需一本能够比较全面介绍塔尔寺历史和宗教文化的文字资料，当时担任塔尔寺寺管会主任的却西活佛很快写出了这部短文。此文在20世纪80年代中曾由青海省社会科学院塔尔寺文献研究所的青年同志在吴均教授的指导下翻译了一部分，对宣传和研究塔尔寺发挥了重要作用。由于条件所限，当时的译文略去了一些内容，有些地方也不够准确。此次我们根据当时的藏文油印本，重新做了全文翻译，并做了一些必要的注释，借此纪念却西·洛桑贝丹龙日加措活佛。

目　录

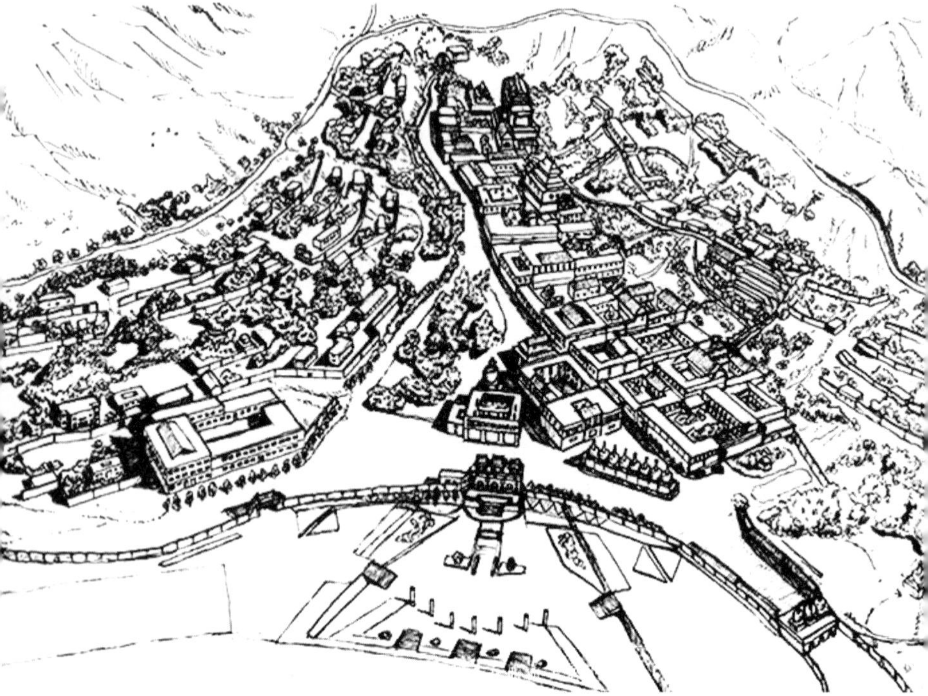

礼赞词

极为美妙，

相好庄严具足十六功德美饰的佛像增益众生善愿；

极为深广，

悦耳格言在一切三时把天界的仙乐妙音传遍十方；

极为坚固，

教证功德枝叶繁茂如意宝树的累累硕果闪耀光华；

极为众多，

愿我等凡夫芸芸众生的虔诚的头顶受赐诸种成就！[1]

美妙的相好庄严的佛像，

悦耳的天界乐声的教语，

[1]此偈颂是赞颂塔尔寺的佛像、佛音、教证功德以及护佑众生的善业。

显明的直观法性的心意，

在怙主第二佛陀脚下顶礼！[1]

汇集诸佛形象的马王菩萨，

显密教法如悦耳的大乐曲，

将众生的福德汇集到一起，

向恩德的根本上师们顶礼！[2]

在殊胜信仰的乳泉中游戏，

姿态美妙伽陵频迦鸟欢叫，

妙音女护佑第二佛陀的大寺，

高僧大德们肯定会这样赞扬！[3]

[1] 此偈颂是赞颂格鲁派的祖师——宗喀巴大师的身、语、意功德，格鲁派学者尊称宗喀巴大师为“第二佛陀”。

[2] 此偈颂是赞颂塔尔寺的前辈高僧大德。

[3] 此偈颂是说作者原意加入赞颂塔尔寺的行列，此为写作本文的缘起。

宝贵三身佛像的庄严妙相，

十万贤善和成就尊胜上师，

以讲说显密来增广大法苑，

寺志的千道光辉由此升起！[1]

三界唯一明灯、怙主上师法王宗喀巴大师的名声传遍了广大的世界。宗喀巴大师诞生的圣地，即是所有众生的无上福田、殊胜于各方的佛教大寺院十万佛身弥勒洲（衮本强巴林 sku-’bum-byams-pa-gling）。此十万佛身弥勒洲圣地是如何产生，其中的佛像及佛经、佛塔如何出现等，在此做一简略讲述。此处又分为两点。

[1] 此偈颂是以“十万佛身”解题，说本文是以塔尔寺的佛像、佛殿和以往的先辈贤哲为主，介绍塔尔寺的历史，是继承先辈来编写塔尔寺的简志。

一

简述宗喀巴大师的事迹

尊胜文殊菩萨对圣贤坚白嘉措传授的教诫中授记（预言）：“由此向东北方向的那个地方，会有显密教法的主宰、怙主上师宗喀巴大师降生，在未来之时，此清净圣地会成为这位杰出大师教化的刹土，如来狮子吼会在那里现证正等觉菩提[1]。”正如授记，宗喀巴大师诞生之地，即为今之塔尔寺大金瓦殿[2]所在之地。而宗喀巴大师降生的时间，按照《广注》一书的记载，是在导师释迦牟尼圆寂第 2191 年，藏历第六饶迥第三十三年（应为三十一年）火鸡年，即公元 1357 年十月十日上午，他作为父亲鲁本格和母亲香萨阿曲的儿

[1]现证正等觉菩提，即达到修行的最高境界，圆满成佛。
[2]即塔尔寺的宗喀巴大师灵塔殿，因有金瓦殿顶，故俗称为大金瓦殿。

子伴随着诸种奇异征兆而诞生。从那时到现在已经过了 625 年[1]。当年正是蒙古成吉思汗王统的第十六代元顺帝妥欢帖木儿皇帝在位二十五年之时[2]。

宗喀巴大师 3 岁时，从噶玛巴·若必多吉那里受了居士戒，法主噶玛巴做了宗喀巴大师“降生后埋胞衣脐血甘露的地方将会长出一株特殊的大树”等奇异殊胜的预言。就在当年，宗喀巴大师到了夏琼寺，法主顿珠仁钦像爱护眼珠一样细心养护他。宗喀巴大师 7 岁[3]时，由法主顿珠仁钦担任堪布，为他授了出家戒和沙弥戒，并起法名为“洛桑扎巴贝”(blo-bzang-grags-pavi-dpal)，同时还给他传授了大威德金刚、胜乐轮、总摄轮等灌顶，起密教法名“顿月多吉”(don-yod-rdo-rje)，教给他文字读写以及许多显密经论。

宗喀巴大师 16 岁时，堪布顿珠仁钦为他提供资具

[1] 指距离写作时间，首次写作时间应为 1981 年，后几经完善过。
[2] 元顺帝至正十七年，即公元 1357 年。
[3] 当指虚岁。

顺缘，让他前去西藏深造，这是公元 1373 年之事。宗喀巴大师到西藏后，去了止贡替寺、聂唐德瓦坚寺、萨迦寺等许多寺院，学习并精通各种经典教理，他在西藏讲习辩论四部大论的各个法苑游学辩经，使得四部论师洛桑扎巴的名声遍布于前后藏各个地方。宗喀巴大师 30 岁时，由楚臣仁钦任堪布在足数的比丘中受了具足戒即比丘戒。他给察科 · 阿旺扎巴等众多的三藏论师讲解四难论师的课程；在拉萨河下游的蔡公堂查阅了蔡巴大藏经《甘珠尔》；在德瓦坚寺多次讲经说法，特别是在门喀扎西栋地方；在贤哲汇聚的人海中，他同时开讲 15 部以梵语开头的经典，这成为宗喀巴大师最为殊胜的事迹。其后，经邬玛巴·尊追僧格的介绍，引领宗喀巴大师从文殊菩萨那里听受了许多甚深教法，对龙树师徒的法意有了正确的见解。宗喀巴大师跟从洛扎 · 南喀坚赞和扎果 · 曲加桑布二人听受了噶当派的教法，并加以修持，故其说法俱成为教诫。在文殊菩萨劝请他撰写某某论著的情况下，宗喀巴大师以三察清静圣言[1]撰写了《菩提道次第广论》《密宗道次第广论》《辩了不了义善说藏论》等显密论著19函。公元1409年，宗喀巴大师53岁的土牛年，从正月初一到十五，他建立了如舍卫城大法会一样的拉萨祈愿大法会，为无比的释迦牟尼佛像（拉萨大昭寺的觉卧佛像）献上黄金头饰，将佛像脸型转变为报身像，为与会的8000多名僧人奉献了大供养。当年春天，宗喀巴大师在卓·日沃且地方新建了格丹南巴杰维林寺（dge-ldan-rnam-par-rgyal-bavi-gling，即甘丹寺），并在其后的11年中，以讲修结合的方式，护持这座寺院。宗喀巴大师63岁的土猪年十月二十五日上午，在甘丹寺白色寝殿中的法座上示现他最后的功业（即涅槃），当年是公元1419年。延续至今的甘丹寺五供节[2]即由此而来。

[1]三察清静圣言，如佛语量，三分宣说所量事物：于现前者，不违现量；于隐蔽者，不违比量；于最极隐蔽者，不与前后自语相违。现、比、自语三不相违，过患清净，故称为三察清净圣言、圣语。

[2]甘丹寺五供节，亦称“燃灯节”，是格鲁派为纪念宗喀巴大师的忌日而设立的一个节日。在宗喀巴大师圆寂的藏历十月二十五日晚上，格鲁派各寺院在殿堂屋顶点燃成排的酥油灯，故又称“燃灯节”。

二

简述本大寺的
佛像及依止圣物如何产生

宗喀巴大师在塔尔寺这个圣地降生时，有脐血滴落地上，后来在脐血滴落的地方长出一株根茎粗壮、枝叶繁茂的白旃檀树，树上有十万片树叶，每一片树叶上显现一尊狮子吼佛的形象，在树皮上也有自然显现的佛像、六字真言和法器的形象，因此寺院得名为“衮本”（sku-’bum，即十万佛身）。

当宗喀巴大师在22岁的藏历第六饶迴土马年，即公元1378年，也即明太祖十一年时，其母从安多捎去一封家书，信中说：“母亲我已年迈体衰，望你无论如何回家乡来。”并让人带去一束白发。宗喀巴大师接信后想，回安多去障碍大而必要小，故决定不返家乡，而是派本波·扎巴坚赞代替自己回乡，给母亲和姐姐各带去一幅他用鼻血绘制的自画像唐卡，以及狮子吼佛画像和胜乐金刚的宝瓶，并写信说：“在我出生的地方，以十万狮子吼佛像和旃檀树为塔心建造一座佛塔，就和我回到家乡无有差别。”据说，当画像和书信带到时，宗喀巴大师的自画像开口叫了“阿妈”，因此这幅自画像又被称为“出过声音的画像唐卡”。母亲（因儿子不归）心里悲伤,向（宗喀巴大师）自画像唐卡行礼。在其他信徒们的帮助下，按照宗喀巴大师所说，将那株树叶上有十万狮子吼佛、树干有一人多高的枝干比例匀称的奇特的旃檀树用绸缎做的袈裟包裹起来，作为佛塔的塔心，再用石头墙固定，建成了一座莲聚宝塔。建塔的那一年是藏历土羊年，即公元1379年，距现在已经603年（指距离作者写作本文年代）。后来，当听到宗喀巴大师举行拉萨祈愿大法会的消息时，此塔变成胜利塔；当宗喀巴大师圆寂时，此塔变为寂灭塔；

当汉地和蒙古发生大战乱时，此塔变为和合塔；当大师转生时[1]，此塔变为天降塔。此塔的塔形依次发生过多次变化。

此后，在明嘉靖三十九年即藏历铁猴年，亦即公元1560年，有一专心修行的大禅定师仁钦尊追坚赞激发起正信的热情，在该塔的边上新建了一座有7个僧人的小寺庙。后来逐渐发展，成为有30个僧人的寺院。其后，万历皇帝在位的第五年藏历火牛年，即公元1577年，又在那里新建了一座佛殿，由大禅定师仁钦尊追坚赞担任施主，在殿内用药泥塑造了一尊十二岁身量的弥勒佛像。在为此像开光时，据说出现了许多奇特的征兆。从那以后，寺院的名字叫做“强巴林”（byams-pa-gling，即弥勒洲，也称为塔尔寺）。另一种说法是，因为宗喀

[1] 宗喀巴大师身后没有传出转世的系统，他的法座是由弟子继承，称为“甘丹赤巴”。但是一些格鲁派高僧的著作如土观·却吉尼玛的《章嘉国师若必多吉传》中说，宗喀巴大师圆寂后有时仍然在人世间出现，有的虔诚祈愿的高僧还见到过他。又因为人们认为宗喀巴大师是文殊菩萨的化身，而五台山是文殊菩萨的道场，所以认为宗喀巴大师还生活在五台山。

巴大师和弥勒佛心续同一，所以寺院得名为“强巴林”。其后，在明朝万历六年藏历土虎年，即公元1578年，遍知一切索南嘉措（第三世达赖喇嘛）应阿勒坦汗（俺答汗）的邀请到蒙古地方，以佛法满足了阿勒坦汗及其属下的愿望，在阴土兔年返回，显然那时他并没有到塔尔寺。按照阿勒坦汗铁蛇年临终时的遗嘱，蒙古方面于水马年邀请索南嘉措再去蒙古，到达青海湖岸边。在明朝万历十一年藏历第十饶迥的水羊年，即公元1583年，应申中囊索[1]的邀请，到了塔尔寺。当时把纪念宗喀巴大师的大佛塔用白银包裹，改变成大菩提塔的形式。索南嘉措在塔尔寺对法主仁钦尊追坚赞和施主们严肃指示：“如能建成一座清净的寺院，最善！”众人答应按照他的指示去完成，于是达赖喇嘛亲自做了净地仪轨，并

[1]申中是青海一个藏族部落的名称，主要分布在今湟中县的东南部，后来成为参与建设塔尔寺的主要部落之一，是“塔尔寺五族”（后来发展为“塔尔寺六族”）的一个成员。囊索是元代以来甘青藏族部落首领的一种官职，为藏族部落掌管行政的官员。

抛撒吉祥花雨，为佛殿房屋做了初步奠基，还新建了一座寝殿，在寝殿中闭关修持，为寺院做大祈愿祝祷。此后，由一些信徒担任施主，在正月新立了举行祈愿大法会的例规。

水兔年（公元 1603 年），四世达赖喇嘛云丹嘉措从蒙古前往乌思藏（即以拉萨、日喀则为中心的前、后藏地区）时，（途经塔尔寺）看到原先的寺院有些衰损，想要进行修缮，于是委任持戒师俄色嘉措（’dul-ba-chos-rje-phyi-ma-’od-zer-rgay-mtsho）为法台，并指示他在寺院中建立一个规章清净严整的讲习佛法的扎仓。遵照这一指示，将佛殿附近的农户居民迁出，使寺院成为一座清净之处。

明朝天启七年，藏历第十饶迴水鼠年（应为第十一饶迴火兔年），即公元 1612 年（应为 1627 年），正值正月祈愿大法会期间的初十一日，塔尔寺的第一任法台（堪布）俄色嘉措登上了法台的狮子宝座，建立了参尼扎仓（法相院,显宗学院）——贝丹夏珠林（吉祥讲修洲）。建立了从正月二十五开始春季第一个学期的制度，其后，又规定了学经初阶班级和划分学习因明的五个班级和学习般若的两个班级，还建立辩经院和辩经的规章文书。从那以后，在塔尔寺开始树立起清净讲习佛陀教法的宝幢。

到第七任法台赞布·顿珠嘉措时期，由喀尔喀蒙古的额尔德尼洪台吉担任施主，由却藏·南杰班觉设计规划，对白银包裹的纪念宗喀巴大师的大佛塔——菩提塔（进行再修），在白银上面用金汁鎏金，并镶嵌各种珠宝装饰，使大佛塔成为神变塔的形式。塔内的宝贵的旃檀树的一支树根延伸到外面长成一棵大树，这就是至今仍然生长在大金瓦殿前面的旃檀树，该树的树皮和树叶上有藏文的字母显现，据称具有清净见相的应化众生才能看到。至于大佛塔的度量，塔基的边长是 25 米到 20 米，高 11 米，大佛塔的占地面积为 456 平方米，绕塔一周的长度为 84 米，塔总高 19 米。当大佛塔的形式由莲聚塔改变为胜利塔时,以申中、祁家、鲁本、木雅、西纳等部落为主，由青海的信徒们全部出力，为大佛塔兴建了塔殿。从那以后，来这里绕行礼拜、献礼的人群川流不息。到清朝建立以后的（康熙）四十七年（公元 1708 年）藏历土鼠年，青海(蒙古)的亲王达什巴图尔和首领索南扎西担任施主，对大佛塔的塔殿进行了扩建,到清朝(康熙)五十年(公元 1711 年）藏历铁兔年，建成了覆盖有 15 根柱子面积的金铜（铜瓦鎏金）殿顶的塔殿，这是第十八任法台却藏·洛桑丹贝坚赞在任之时。

清朝第四代皇帝乾隆五年（公元 1740 年）藏历铁猴年，西藏的郡王颇罗鼐·索南多济送来价值超过 27000 两白银的资财，为大佛塔的殿顶铜瓦鎏金，建立内装释迦牟尼佛舍利的殿顶屋脊宝瓶，在一些喷焰摩尼中装有汉地和藏区的各种矿石，并举行了盛大的吉祥喜宴。乾隆十一年（公元 1746 年）藏历火虎年，青海亲王丹津旺楚克和王妃额尔克夏二人担任施主，为大佛塔兴建了金铜的带喷焰摩尼装饰的美观飞檐。乾隆十三年（公元 1748 年）藏历第十三饶迥土龙年，塔尔寺的大护法授记说应该对大佛塔的地宫进行维修。按照前后三次的规划，由第二十六任法台色多·阿旺丹贝坚赞提供 4000 两白银并主持其事，在大佛塔地宫的旃檀树外面砌了几道石墙以加固，从而改善地宫塌陷的状况，使得地宫清净，大佛塔恢复了原来的构架。工程完工后举行了盛大的开光仪式。从前打开曲加（法王）颇章的天窗，可以进到大佛塔的内部去礼拜，自那以后，封闭了进出的道路就不能进入佛塔内部。同时以旃檀树周围的土和石墙内装不下的内供物为塔心，在寺院的北面新建了吉祥四门塔，就是现在塔下部有两门的那座佛塔。乾隆五十一年（公元 1786 年）藏历水龙年（应为火马年），亲王达什巴图尔（似应为丹津旺楚克）捐资 100 两黄金和上万两白银，扩大了大佛塔的规模，举行了为佛像开眼的仪轨，迎神降福的仪式至今犹存。

三

关于宗喀巴大师的这座特殊的大寺院中最初建立僧伽的历史

大修行者仁钦尊追坚赞贝桑布建立了一个由七名抛弃俗务专心禅定的僧人组成的僧团，此后发展到五十多人，他们修行的地方就在现在塔尔寺所在的山沟里面。到明朝第十四位皇帝万历五年藏历第十饶迴火牛年，即公元 1577 年，按照这位大修行者的心愿，建造了十二岁身量的弥勒佛像。弥勒佛像中装藏有宗喀巴大师父亲鲁本格的凸显有文殊菩萨形象的头盖骨、阿底峡大师的舍利、佛弟子阿难的头发，以及一些高僧的舍利子，建成后为弥勒佛像举行了开光仪式。从那以后，定期斋戒和住夏安居以及各种定期法会都是在弥勒佛殿举行。万历十一年（公元 1583 年）藏历水羊年，应申中囊索的邀请，三世达赖喇嘛索南嘉措到了塔尔寺。按照达赖喇嘛的吩咐，为他新建了一座带小院落的寝殿，他在那里闭关修行。这座寝殿，现在称为“森康贡玛”（上寝宫）。此后，按照达赖喇嘛索南嘉措对大修行者仁钦尊追和以五个部落囊索为首的施主们的吩咐，在塔尔寺所在地兴建大寺院，并建立了举行正月祈愿大法会的例规。明朝第十五位皇帝天启二十六年（应为天启六年，即公元 1626 年），在塔尔寺首任法台、根本上师俄色嘉措之时，由大施主多尔达官人捐助资财，按照汉式大屋顶建筑的形式新建了经堂，这是塔尔寺大经堂最早的基础。到明朝最后一位皇帝崇祯十二年（公元 1639 年）藏历土兔年，由嘉雅噶居巴·根敦坚赞和西纳喇嘛叔侄担任施主，将旧经堂按照西藏式样建成有 36 根柱子的经堂，当时是第六任法台嘉瓦曲杰·扎西顿珠贝桑布在位。到清康熙二十八年藏历第十二饶迴土蛇年，即公元 1689 年，根据第十六任法台阿嘉·喜饶桑布的安排，用白银五千两，将大经堂扩建为有 80 根柱子的建筑，为西藏建筑形式，分上下两层回廊和经堂。到清康熙六十一年藏历水虎年，即公元 1722 年，按照七世达赖喇嘛的意愿，以博硕克图戴青为首，由申中和木雅囊索等负责，新建了大经堂。第二十任法台杰堪布阿齐图诺门罕·洛桑顿珠在任时，额尔德尼额尔克为大经堂奉献了体型巨大、造型精美的金铜屋脊宝瓶。此后，到清乾隆四十一年藏历火猴年，即公元 1776 年，由洛桑丹贝坚赞、土观·却吉尼玛、拉萨尔大喇嘛·洛桑却达尔等人提供资财，对大经堂进行了规模最大的一次修缮，将其扩建成有 154 根柱子的带殿门抱厦的经堂。时为第三十一任法台关嘉·扎巴坚赞在任。此后，藏历火牛年（公元 1817 年），第四十五任法台却西·阿旺丹贝尼玛对大经堂进行修缮。藏历第十五饶迥水鼠年（公元 1912 年）十一月十二日，大经堂突然失火，被大火烧毁。其后不久，色多金刚持·楚臣嘉措贝桑布以无上的恩德护持寺院，在两年半的时间里，新建了现在的大经堂，并于藏历木兔年六月初二举行了盛大的开光仪式。当时是公元1915年，距今约有67年。塔尔寺大经堂的面积为2050平方米，加上回廊的总面积为2750平方米，周长为210米。在大经堂的屋顶，有8个大小不等的经幢、6个屋脊宝瓶、3对吉祥瑞兽。大经堂内有长柱18根、短柱92根，长柱的直径为2.4米，高度为9.10米。

参尼扎仓（法相学院）——贝丹夏珠林（吉祥讲修洲）的历史：水兔年（公元1603年），四世达赖喇嘛云丹嘉措从蒙古前往乌思藏时，（途经塔尔寺）看到原先的寺院有些衰损，想要进行修缮，于是委任持戒师俄色嘉措为法台，并指示他建立一个规章清净严整的讲习佛法的扎仓。遵照这一指示，将佛殿附近的农户居民迁出，使寺院成为一座清净之处。明朝天启七年，藏历第十饶迥水鼠年（应为第十一饶迥火兔年，即公元1627年）正月十一日，第一任法台俄色嘉措登上了狮子宝座，建立了参尼扎仓——贝丹雪珠林。正月二十五开始春季第一学期，划分为因明五个班和般若（新旧）两个班，并规定了辩经文书。第五任法台却藏·南杰班觉时，旧般若班分为郭芒一年级班和杰增一年级班。第六任法台扎西顿珠时，设立讲授俱舍和戒律的班级,此后又新设般若四年级班和中观班。从此，在塔尔寺开始树立起清净讲习佛陀教法的经幢。

现今文殊观音殿所在的地方，在明朝第十五位皇帝天启六年藏历水龙年（应为火虎年），即公元1592（应为1626年）年，由五部落的囊索和众多农牧民担任施主，新建了一座三世佛殿，并隆重开光，此后在此殿集会进行长净等法事活动。清朝第三位皇帝雍正十二年（公元1734年）藏历木虎年开始，第二十四任法台参卓·根敦顿珠贝桑布按照七世达赖喇嘛的指示，为增盛法苑讲习佛法，在三世佛殿的基础上进行扩建，新建了文殊殿和观音殿，这一大佛殿（现在俗称“九间殿”，为三个相连的佛殿）的面积为 595 平方米，殿顶有大小 3 个金顶。

遍知一切殿（三世达赖喇嘛灵塔殿）的来历：明朝第十五位皇帝天启二年藏历土鼠年（应为水狗年），即公元 1588 年（应为 1622 年），按照达赖喇嘛“要将大佛塔的形式从和合塔改变为菩提塔，并建造佛经佛像举行开光仪式”的指示，于天启四年藏历铁虎年（应为木鼠年），即公元 1590 年（应为公元 1624 年），以戴青洪台吉所珍藏的达赖喇嘛索南嘉措的其上自现文字的舍利子为塔心宝藏，建造了一座菩提塔和佛殿。此后清朝第二位皇帝康熙五十一年藏历水龙年，即公元 1712 年，将此塔改建为三世达赖喇嘛索南嘉措的银制灵塔，塔形又改为和合塔，并建成有琉璃瓦屋顶上下两层的佛殿。当时是第十八任法台却藏·洛桑丹贝坚赞贝桑布在任的时期。此后，乾隆二十三年（公元 1758 年）藏历土虎年，因以前战乱时三世达赖喇嘛的灵塔受到过损坏，因此花费白银 4000 多两，按照以前的型制对和合塔进行了修缮。其后在清朝第五位皇帝嘉庆二十三年（公元 1818 年）藏历土虎年，达赖喇嘛灵塔殿又因火灾被烧毁。嘉庆二十四年（公元 1819 年）藏历土兔年，按照以前的形制重建了达赖喇嘛灵塔殿，以保存索南嘉措遗体的尸盐和穿过的袈裟为胎藏建造了菩提塔，现在信徒礼拜的灵塔即是此塔。当时是第四十六任法台当采·洛桑克珠尼玛贝桑布在任。

关于觉康（释迦牟尼殿）的历史：明朝第十五位皇帝天启十八年藏历木龙年（应为天启七年藏历火兔年），即公元 1604 年（应为 1627 年），依照俄色嘉措的意愿，建造了觉康佛殿及佛像（主尊为觉卧像即释迦牟尼像）等依止。该殿的面积为 143 平方米，高度为 13 米。

护法殿的历史：建在觉康的面前。明朝天启八年藏历木马年（应为土龙年），即公元 1594 年（应为 1628 年），由西纳喇嘛班觉坚赞和班觉仁钦叔侄捐资新建了有大威德金刚和本尊护法像的护法殿，并举行盛大的开光仪式。这一护法殿的面积为 140 平方米。

关于大护法殿的历史：第十七任法台当采·洛桑多吉在任的时期，于清朝第二位皇帝康熙三十一年藏历水猴年，即公元 1692 年，新建了大护法殿及回廊院落。在此之前每月降神的日子，于上午将神巫[1]迎请到塔尔寺，在弥勒殿降神，然后返回家中。从建大护法殿以后，开始有了在大护法殿请求降神的真言授记的例规（以前是在弥勒殿请求）。后来修建了大护法殿的金顶。此后到清朝第六位皇帝道光（藏文为 srid-gsal-rgyal-po）二年（公元 1822 年）藏历水马年，修

[1] 护法神能够附体的巫师，在藏区成为一种专门的宗教职业。平时在家，需要降神时才被请到护法殿里降神。藏语称其为“古典”（sku-rten），亦译作降神师。

缮了大护法殿。到道光六年（公元 1826 年）藏历火狗年时，新建了大护法殿的回廊院。当时是第四十八任法台嘉雅·洛桑丹贝尼玛贝桑布在任。从那以后，大护法殿是否进行过修缮不太确定。大护法殿的面积为 127 平方米，加上周边建筑为 144 平方米。

关于祈寿殿的历史：清朝第二位皇帝康熙五十六年藏历火鸡年，即公元 1717 年，此时第十九任法台觉摩隆巴·嘉央坚赞在任。据说有一位李嘉红塔喇嘛向七世达赖喇嘛请求说："为了您长久住世，应当建一座佛殿。"达赖喇嘛回答说："建造十六罗汉像为好。"依照这一指示，新建了祈寿殿。因此此殿是为七世达赖喇嘛格桑嘉措祈寿的佛殿。殿前宗喀巴大师和七世达赖喇嘛的发心以及西纳·阿旺楚臣达杰的法力三者会合而举行开光的火供仪式之处，这里长出的旃檀树上有自然显现的六字真言，直到现在仍是信徒们礼拜的地方。该殿面积为 442 平方米。

清朝第二位皇帝康熙（bde-skyid-rgyal-po）二十六年藏历第十二饶迥火兔年，即公元1687年，由第十六任法台阿嘉·喜饶桑布负责，在三世达赖喇嘛索南嘉措曾经升座开光的土台上新建了一座法座殿，殿内还彩绘壁画。现被称为“秀赤俄玛”（真正法座之意），是举行显密宗大誓愿法事的集会之地。

大时轮塔的历史：建在大护法殿的前面。公元1942年由尊主欧曲活佛设计安排，新建后并进行了盛大开光仪式，塔的周长是36米，高度为13米。藏历土马年即公元1978年对这座塔按原样进行了修缮。

山顶活佛院（rtse-bla-brang，现在通称达赖班禅行宫）的历史：清朝第一位皇帝，文殊大皇帝顺治七年藏历铁虎年，即公元1650年，卫拉特蒙古王公察汗丹津担任施主，按照汉式建筑样式新建了一座达赖喇嘛、班禅大师及塔尔寺历任法台居住的寝殿，还附带有院落。这座建筑被称为“扎西康萨”（吉祥新宫）。

当时是第八任法台东卡瓦·却西·贝丹嘉措在任的时候。顺治九年藏历水龙年，即公元1652年，五世达赖喇嘛首次驾临这座寝殿。康熙二十六年藏历第十二饶迥火兔年，即1687年，由第十六任法台阿嘉·喜饶桑布设计安排，将达赖喇嘛的寝殿改造成为藏式的四根柱子、三层院落的美观建筑。清朝第五位皇帝嘉庆十四年（公元1809年）藏历土蛇年，有四根柱子的寝殿发生了火灾，当时是第四十一任法台西纳·索南丹增贝桑布在任。嘉庆十八年（公元1813年）藏历水鸡年，由第四十四任法台香萨·洛桑达尔基嘉措负责，重新修建了有四根柱子的寝殿，在寝殿里建造了以十六罗汉为主的二十三尊像，并进行了扩建，另外还新建了吉祥天女殿和吹仲的住所。

欠巴（跳神）扎仓的历史：在清康熙五十七年藏历土狗年，即公元1718年，杰堪布·阿奇土诺门罕·洛桑顿珠担任塔尔寺第二十任法台。当时七世达赖喇嘛发出指示："布达拉宫南杰扎仓的欠本（降神舞的主管）需要给僧人们教习降神舞和音乐等，应在塔尔寺建立跳噶尔舞和降神舞蹈的例规。"还恩赐了三十九个寂忿等各种护法的面具，跳神的衣服、供品和法器等。从那时开始，每年四次祈愿法会时，都要临时建立一个欠巴扎仓。此后，到乾隆十三年，藏历第十三饶迥土龙年，即公元1748年。当时的第二十六任法台色多·阿旺丹贝坚赞在任时，吉隆·洛桑贝丹坚赞把塔尔寺的吉隆活佛苑连同其中的经、像、塔都赠予欠巴扎仓。从那以后一直到现在，欠巴扎仓的音乐、舞蹈的优良传统不但没有衰败反倒有所发展。跳神舞的时间安排是：正月十四跳法王舞，四月十四跳法王舞、十五跳马头明王舞，六月初七跳法王舞、初八跳马头明王舞，九月二十三跳马头明王舞。

关于跳神舞的历史：相传是佛祖释迦牟尼的追随者们为了防止修行佛法的内外秘密三者违缘、敌人的军队危害佛法和佛教徒的各种顽敌而进行的活动。跳神的种类，按照《噶当书》中所说，有勇士舞、勇士母舞、忿怒神舞、忿怒女神舞、和平舞、内部舞、秘密舞、大乐智舞。忿怒神舞又分为两种，一种是忿怒神微笑舞、一种是忿怒神极度忿怒舞。总之，神舞有360种。按照格鲁派的说法，吾之上师、本尊、护法等都是文殊菩萨，所以按照阎魔敌伏魔的形式做威猛的法事，消灭内部的我执和外部的敌人，要跳法王舞和兄妹护法舞等，所以前后有以忿怒形象出现做镇压断除的事业。此外，最先出场的有四个骷髅形的舞，按米拉日巴的说法，可怕的尸体是瑜伽师身体的根本，是为了让我们心中想到生死无常，所以要跳骷髅舞。其后，是四个游方僧模样和四个尼泊尔人模样装扮的高大形象的舞蹈，表现人生初始很安乐，但最后仍旧逃脱不了苦难。还有四头鹿和四头牦牛的舞蹈，表现了有情众生在空旷的地方生存，让人们理解诸法性空的道理。还有四个尸林主舞蹈，表现人的身体没有自性，再三不断流转的苦难，使人们产生设法脱离轮回的厌离心。之后有施主向僧人敬礼的舞蹈，然后以法王或兄妹护法为主的五个护法和四个罗刹等各自表现游戏，表现断除小乘独觉乘的救护他人意愿不足的缺陷。小鹿的舞蹈表现了他们从罪恶中解脱，最终得到救护和善果。跳神结尾时的舞蹈，是表现得到极乐、善道、广利有情众生、享受幸福吉祥。

印经院——沃策仁庆林（奇异珍宝洲）的历史：该院于清道光三年（应为第七年），即公元 1827 年，藏历火猪年的萨嘎达瓦（藏历四月）十五日创建。色多堪钦和当采仁庆二人生起善愿，身体力行，由热江巴·阿旺乐朱和阿旺尼玛等人分工，却西经师阿旺嘉央旺杰、阿嘉经师洛桑顿珠（央金噶卫洛追）、噶举·楚臣达杰等人担任初校、复校、再校、终校等四次校订，用了 516 两银子、2000 吊铜钱等刻印《宗喀巴师徒三尊全集》，在藏历第十四饶迥的水龙年，公元 1832 年顺利完成，并举行了盛大的开光仪式，打开了佛法无尽的宝藏。从那以后，又逐步刻印了《杰尊巴教程》和《郭芒教程》等文集类以及修法、集会念诵的很多经典书籍。直到现在，这些文书和前辈高僧的主要文集还在印刷。

居巴扎仓（密宗学院）——贝丹桑阿德庆林（吉祥密法大乐洲）的历史：清顺治六年藏历土牛年，即公元 1649 年，西纳·勒巴嘉措贝桑布在他 57 岁时兴建了通常称为居巴扎仓的贝丹桑阿德庆林。他召集了年长的和年轻的僧人 32 人，为这三十多人集会的殿堂奠了基，开始了密法的闻思和修习。五世达赖喇嘛还赐予扎仓规章。后来又由色多活佛洛桑赤列南杰负责建成了有 25 间房子面积的经堂、回廊、院落。拉科·谢热群觉贝桑布担任居巴扎仓法座时期，规定了扎仓的规章制度以及密法的讲习，为使扎仓兴盛发展，做了认真的整顿。木雅·洛追达杰贝桑布在密宗院建立了修持热译师所传的“九角铁城修行法”,这以后,“十六角铁城”和“九角铁城”修行法轮流举行，而且还写作了修行时的念诵和修行制度等，使这种修法得到了发展。后来，色多金刚持·洛桑楚臣嘉措贝桑布新规定了胜乐、密集、大威德三本尊的念诵、仪轨等等，以及音、调和舞步三者的实行办法，给予了非常的关怀。居巴扎仓第二十六任堪布关嘉·扎巴坚赞在任时期，由他设计安排新建了藏式的有60根柱子的经堂、回廊、院子。第三十五任堪布本布尔夏仲·阿旺却吉尼玛在任时期，由阿嘉仁波切捐献资财，重新维修了经堂和回廊等。到第六十二任堪布曲如卡夏仲·阿旺夏珠达尔基在任的藏历土兔年，新扩建成藏式上下两层的有48根柱子的经堂和回廊院落等，1960年进行了修缮。现在，密宗院一共有过100多任堪布。

曼巴扎仓（医学院）——索日达基显潘诺布林（医

学兴盛利他宝贝洲）的历史：塔尔寺第十八任法台却藏·洛桑丹贝坚赞贝桑布是曼巴扎仓的创建者，该扎仓于藏历第十二饶迥的铁兔年即公元1711年创建，藏历木蛇年即公元1725年，赛智兹诚仁钦堪布改为曼巴扎仓。乾隆二十二年藏历第十三饶迥火牛年，即公元1757年，任命卓班智达担任曼巴扎仓的首任堪布，将曼巴扎仓分离出来，开始了医学的讲习听闻，并且修建了有35间房子规模的带有回廊、院落的经堂。后来于藏历第十四饶迥的土虎年（公元1818年）又重修了经堂和回廊等，这是曼巴扎仓的第十九任堪布森康贡玛活佛的管家洛桑南杰在任的时期。第五十二任堪布参卓·根登丹贝尼玛在任时期，又修建了有4根长柱子的带有顶部天窗的经堂，以及门额等装饰，还举行了盛大的开光仪式。色多·洛桑楚臣对扎仓的戒律、规章进行了整顿。到现在,曼巴扎仓有过八十多任堪布。

丁科尔扎仓（时轮学院）——柔丹罗萨林（具种

智慧洲）的历史：清朝第五位皇帝嘉庆二十二年，即公元1817年，按照香萨班智达·洛桑达吉嘉措的设计安排，由担任堪布的却西·阿旺夏珠丹贝尼玛在藏历第十四饶迥的火牛年初分离出来的，然后由却西活佛负责，募集了3530多吊铜钱兴建经堂的资金，资金不足部分都由却西活佛的拉章自行负担。这样前后共募集了7400多吊铜钱,建成了有25间房子规模的有门楼、回廊等的建筑，另外还有匾额、屋脊宝瓶、经幢、法轮、瑞兽、旗杆等。经堂内，佛像、佛经、坐垫等平时需要的物品也全部配齐，捐献给扎仓。此后，在色多诺门罕·意希图丹嘉措时期，制定了丁科尔扎仓的各种规章制度，使扎仓得以发展。之后，在第三十三任堪布扎龙夏仲·根登丹巴嘉措在任时期，由却西·洛桑绛曲丹贝仲美贝桑布设计安排，建成上下两层的有25间房子规模的藏式经堂,也有门楼、回廊等。至今，丁科尔扎仓有过七十多任堪布。藏历第十六饶迥铁鸡年，即公元1981年，自此开始，由我本人全面负责丁科尔扎仓，修建了有30间房屋规模的、上下两层的藏式经堂，还有门楼、回廊等等，亦举行了盛大的开光仪式。丁科尔扎仓的念诵、闻思等各个环节，都打下牢固的基础，对度量、彩粉、念经的语调等等都建立了制度，使扎仓顺利发展。

八塔的历史：清乾隆四十一年藏历火猴年，即公元1776年，第三十一任法台关嘉·扎巴坚赞在任的时候，由拉科部落首领桑杰伦珠在市场中间新建了表现释迦牟尼一生的善逝八塔，这方面的情况在《塔尔寺志》里有清楚的记载。那时，对寺院北面的菩提塔也进行了修缮。关于八塔都是哪些塔？有释迦牟尼驻胎的塔（降生塔）、现证菩提塔（菩提塔）、转法轮塔（法轮塔）、战胜外道的塔（降魔塔）、由天界返回人间的塔（天降塔）、调和僧众争执的塔（息诤塔）、加持寿命的塔（祈寿塔）、涅槃塔。每一尊塔的周长是9.4米，高度是6.4米。

现立有国务院颁令石碑，这是以国家层面的形式向全国人民的认证。此石碑现还竖立在塔尔寺的主要道路旁边，现分别立于八塔前后两端。

关于正月十五酥油花供的历史：宗喀巴的传记中记载，在宗喀巴大师 53 岁，即公元 1409 年藏历土牛年，从正月初一开始到正月十五之间举行了神变节的供养，酥油花供是当时特别的供养之一，当时供养的酥油花有国政七宝、八瑞祥、八供品等，以满足天神和人类的利乐。这些酥油花上，宗喀巴大师都有亲自诵过经、按过手印，还用大乐禅定给予加持，使得四方佛教信徒都感到欢乐，每天都要做清净的祈祷、发愿。按照

《宗喀巴大师密传》的记载，在拉萨举行神变大法会时，有一百种吉祥和奇特的安排，以供品做大乐加持，使四方的佛教信徒都得到欢乐。这些和此前宗喀巴大师在增期寺（rdzing-phyi）及嘉索普等地所见到的景象把四方佛土作为供养的对象，请他们作为祈愿的见证人，用不可思议的各种安排做特别供养。从那以后一直到现在都有正月祈愿大法会的传统。

大经堂的大厨房：是在清康熙二十八年藏历第十二饶迥土蛇年，即公元 1689 年兴建的。厨房里面有五口大铜锅，铜锅的口径从 1.65 米到 2.6 米不等，高度为 0.9 米到 1.3 米不等。

坛城殿的历史：是由嘉雅金刚持·洛桑丹贝坚赞贝桑布担任施主，在藏历第十六饶迥的火虎年开始兴建，藏历第十七饶迥的火兔年六月建成时轮金刚坛城以及佛像，闰六月十五日星宿汇集的吉祥日子，即公元 1987 年 8 月 9 日上午，由嘉雅金刚持将吉祥时轮坛城捐献给塔尔寺，并发广大誓愿，在当天为时轮坛城举行了盛大开光仪式。也就在同一天，班禅大师给塔尔寺赐了佛像。当班禅大师传授时轮大灌顶所使用的时轮金刚唐卡送到我手里的时候，由西纳活佛以各种香从我这里将其迎请。走到坛城殿外时，塔尔寺僧众列队，由嘉雅活佛、阿嘉活佛、色多活佛等人捧香迎接唐卡至坛城殿内安放。

四

塔尔寺第七十九任法台以后历任法台名录

第七十九任法台　安嘉司·洛桑根登丹巴仁庆

第 八 十 任 法 台　曲如卡·阿旺夏珠达杰

第八十一任法台　曲噶·根顿降曲丹贝尼玛

第八十二任法台　巴州·意希丹增尼玛

第八十三任法台　泽科夏仲·根登云丹嘉措

第八十四任法台　乃隆·洛桑丹增饶杰

第八十五任法台　木雅金刚持·阿旺勒雪嘉措

第八十六任法台　堪布夏仲·阿旺楚臣嘉措

第八十七任法台　香萨·洛桑克尊雪珠丹曲嘉措

第八十八任法台　杨嘉夏仲·阿旺洛桑楚臣平措

第八十九任法台　木雅金刚持·阿旺勒雪嘉措

第九十任法台　安嘉司·洛桑丹曲降曲丹贝尼玛

第九十一任法台　嘉雅·洛桑丹贝坚赞

第九十二任法台　色多·洛桑坚贝丹增嘉措

第九十三任法台　洛桑降曲丹贝坚赞

第九十四任法台　阿嘉·洛桑隆多晋美丹贝坚赞

第九十五任法台　拉科·洛桑夏珠丹贝尼玛

第九十六任法台　东科尔·洛桑降曲丹贝嘉措

第九十七任法台　参卓·根登勒雪丹巴嘉措

第九十八任法台　卓尼堪布·洛桑丹贝坚赞

第九十九任法台　当采·洛桑意希丹巴饶杰

第一百任法台　夏茸尕布·洛桑隆多丹贝嘉措

第一百零一任法台　鄂尔多斯·格桑克珠丹贝尼玛

第一百零二任法台　阿洛金刚持·洛桑隆多丹贝坚赞

第一百零三任法台　赛赤·隆多夏珠丹贝坚赞

第一百零四任法台　格嘉·却吉坚赞

五

简要介绍塔尔寺各个佛殿的身语意所依止的经、像、塔

被称为“世界庄严”的塔尔寺大金瓦殿的依止情况：主要圣物是宗喀巴大师诞生时脐血滴落地方长出的白旃檀树，树干和树叶上有佛像和六字真言，十万片树叶上有十万个狮子吼佛像。以这棵树为核心建了一座四方形的石头房子，房内有十万张狮子吼佛像和宗喀巴大师像等，有全套《大藏经》等佛经，有噶当佛塔、装藏噶当派历代祖师的遗骨及保存法体的盐、袈裟等的银质神变塔（宗喀巴大佛塔）。有大金瓦殿的门内，有却西工匠洛桑喜念所建造的宗喀巴大师药泥塑像，塑像的手里有班禅洛桑贝丹意希贝桑布所献的右旋白海螺。门饰顶上有一个伞盖，伞盖柄的水晶框里有迦叶佛的牙舍利、释迦牟尼舍利子等。其前面的供品架上有七世达赖喇嘛格桑嘉措受戒时进献的佛像、班禅贝丹意希进行斋戒时所依止的本尊神像。供品架的中间，即宗喀巴大佛塔的前面，有从康区迎请来的九世班禅却吉尼玛像；右面有阿嘉·洛桑丹贝坚赞、阿嘉·意希克珠贝桑布、济隆·阿旺衮却丹贝尼玛、阿嘉经师洛桑顿珠等五（四）座灵塔；左面有章嘉·阿旺洛桑曲丹、拉科·喜饶群觉、色赤·洛桑丹贝尼玛、却西·阿旺丹巴等五（四）座灵塔。宗喀巴大佛塔的右面有一座放有杰仲·阿旺衮却丹贝尼玛灵骨的大塔；左面有章嘉·阿旺洛桑曲丹的一座大灵骨塔。宗喀巴大佛塔右面的供品架上，有九世班禅大师却吉尼玛的灵塔，再右边有木雅金刚持·阿旺勒雪嘉措的塑像，是他自己开光的。还有阿嘉活佛丹贝坚赞的灵塔，以及宗喀巴大师幼年时踩下脚印的石头；宗喀巴大佛塔左面的供品架上，有阿嘉活佛加央嘉措的灵塔，边上有赛赤活佛的灵塔，再往左面有七世达赖喇嘛绕行塔尔寺时所赐的由金铜所造的弥勒像；宗喀巴大佛塔背面的供品架上，有宗喀巴大师像、大佛塔的旧塔门、一函很大的《般若八千颂》等；宗喀巴大佛塔的后面和左右的供品架上，有大法台洛追嘉措之意所依，即用珠宝按照西藏江孜写本而造的用绸缎包裹的《甘珠尔》大藏经 101 函，以及德格版《甘珠尔》、纳塘版《甘珠尔》，此外还有信徒们供奉的宗喀巴师徒三尊的文集等文集类。

在大金瓦殿的法王殿里，有技艺高超的工匠洛桑赤勒所造的具誓法王药泥塑像。绕行道上，有曾经担任过曼巴扎仓教师的苏尼·洛桑丹曲所奉献的用金铜铸造的 35 尊佛像，佛像前面有色多活佛建造的胜利塔，后有十世班禅大师所赐的在汉地建造的宗喀巴师徒三尊的铜像。宗喀巴大师给其姐姐的那幅曾经开口说话的并有其手印的自画像唐卡作为文殊观音殿的内供像而存放，这在色多活佛所写的《塔尔寺志·梵界妙音》、二世加木样晋美旺布所写的《塔尔寺目录悦耳妙音》、色多·意希土丹嘉措编写的《塔尔寺志》、华锐热萨所编写的《明镜——塔尔寺目录》等四本书中都有明确记载。但是，据说在宗喀巴大师姐姐叫做索阿吉的婆家里有一幅宗喀巴大师送给姐姐的那一幅有手印的自画像唐卡是真的。现被迎请到塔尔寺，存放宗喀巴大佛塔二楼右面柱子边的供品架上的这一幅唐卡的真实性还无法判断。不过按照我自己的看法，应该是宗喀巴大师给他姐姐先后画了两幅唐卡。在楼上的法王殿（护法殿）里，由却西工匠所建造的宗喀巴像和阎罗王像。楼下藏书殿里有一尊白财神的塑像，据说是由德阳·洛桑念扎嘉措所建造。

弥勒殿的佛像情况：该殿位于大金瓦殿的右面，内有大持戒修行师仁钦尊追坚赞所建造的 12 岁身量的弥勒佛像。佛像装藏有宗喀巴大师的头发、僧帽等，以及先辈大师们的袈裟、佛舍利等圣物，还有宗喀巴大师父亲鲁本格的头盖骨及自现文殊菩萨像等。弥勒佛像的右边，有仁钦尊追坚赞的灵塔，左边有塔尔寺根本上师俄色嘉措的灵塔。柱子上，有三世达赖喇嘛索南嘉措委任为塔尔寺土地神的语音法王（松格加布），身穿盔甲，这尊像我想可能是观世音的一种化身。这尊像的后面用汉文写着“嘉庆二十三年吉日”几个字，相传此像是从地下宝藏中发掘出来的，但在几种《塔尔寺志》中没有记载，原因也不清楚。

文殊观音殿的佛像情况：主尊佛是工巧天的化身——却西工匠洛桑喜念所建造的文殊观音药泥塑像，以及宗喀巴大师送给他姐姐的开口说过话的自画像唐卡及舍利子等重要善物。建造文殊观音殿的过程，《塔尔寺志·梵界妙音》的第 267 页有记载，所以不再赘述。文殊观音殿的左右两边，有观世音菩萨和大势至菩萨的塑像。右面的佛殿中，有宗喀巴大师的药泥像，宗喀巴大师像的周围有二圣六庄严，还有嘉曹杰、克珠杰、永保法王。像背后的供品架上，有大力金刚护法像，胎藏中有宗喀巴大师的衣物。左面的殿中，有狮子吼佛的药泥像，像的四周有摧破金刚、白伞盖、妙音天女、增禄天女、多闻天等。殿内的柱子前面有一块巨石，石头上留有法主顿珠仁钦的脚印和他的禅杖印。文殊观音殿的右面，有一个巨大的玛尼转经轮安置在专门的房间中。

释迦牟尼殿的佛像情况：该殿位于大金瓦殿的左面，殿内有根本上师俄色嘉措发心兴建的 17 岁身量的弥勒佛药泥像，像身边是其两大弟子。像的左面是金铜铸造的释迦牟尼和迦叶、阿难的像。

西纳护法殿的佛像情况：此殿位于释迦牟尼殿的前面，有涅嘉夏仲·龙日罗布嘉措建立的带有六种瑞兽的全套背光的宗喀巴大师金像，像的周围有许多本尊、护法像。

三世达赖喇嘛灵塔殿的佛像情况：有木质菩提塔形式的三世达赖喇嘛索南嘉措的灵塔。灵塔的塔门里有其亲自开过光的银像和其用过的手铃、九股金刚杵等。灵塔殿右方有一个由玛恰·日朝巴活佛建造的内装上亿六字真言的大玛尼经轮。灵塔殿左面也有一座玛尼轮殿。

大经堂的佛像和依止情况：大经堂座首是塔尔寺历任法台的大法座，法座的右面有上师及僧人们的本尊像、释迦牟尼长净像。像的右面是六世班禅贝丹益希的法座，法座的右面是七世达赖喇嘛格桑嘉措的法座，再往右是西藏甘丹颇章赐给参卓堪钦·根登顿珠的本尊像，以及阿泽喇嘛喜饶平措收藏由他的温波喜饶尊追献给塔尔寺的宗喀巴大师自画像。法座的左边有十世班禅大师的塑像，像内藏有迦叶佛舍利，历代班禅的衣物，九世班禅的头发，十世班禅的头发、指甲和有红白菩提子的袈裟以及处理法体的用盐，十世班禅自己做的释迦牟尼、大威德的擦擦，另外还有其他高僧大德的袈裟，十三世达赖喇嘛做的大威德和阎魔敌的擦擦，旃檀树的树叶和花，以及各种甘露丸等各种圣物。十世班禅像的左面，是宗喀巴大师塑像和用金铜制作的无量光佛像、三世佛像、弥勒童子像、药师佛坛城等。最左面的角上，是兄妹护法的唐卡。在这些的左右供品架上，是千佛像。

大经堂上面的佛殿，供品架上有贡日空行母建造的宗喀巴大师的铜像。关于这尊像的历史，在色多·意希土丹嘉措的《塔尔寺志》第 91 页有清楚记载，这尊宗喀巴像，传说中又叫“美踏嘛像”（躲过火灾的意思）。该像的左右，有宗喀巴像和金铜铸造的二十一度母像，宗喀巴大师用鼻血所画的自画像和他的十八弟子之师徒十九人唐卡。所有《塔尔寺志》中都说大师亲自开光带给他母亲的曾经开口说话的唐卡在大经堂楼上的根萨拉康（光明殿）里，但据说已在大经堂失火的时候就被毁坏了，总之，它不在根萨拉康。另外还有一种说法，宗喀巴的这幅唐卡的真品是被一名叫诺日桑布的商人头领迎请至民和县卡地卡哇寺，而塔尔寺所藏的这幅是诺日桑布按照真品仿造的。

大经堂上面的大护法殿里，是大威德金刚、怙主法王、多闻天女的像，还有郭芒扎仓学经班一年级的本尊像，白色怙主如意宝相的像和唐卡，供品台，以及当彩堪钦·洛桑多杰的本尊像——六臂怙主画像，还有拉科金刚持·晋美赤列嘉措送给当彩堪钦的六臂怙主黑唐卡。护法殿的门楣上有开过光的法王、马头明王的面具。

大经堂上面的大光明殿里，有金铜铸造的十尊大威德金刚像，像的右面是阿嘉活佛丹贝坚赞贝桑布为了在参尼扎仓发展讲习五部大论的事业所建造的文殊菩萨像。天窗的最里面，有文殊皇帝康熙所赐“净上津梁”的匾额。

祈寿殿的佛像情况：其主尊是为七世达赖喇嘛长

久驻世而用药泥铸造的三世佛像和十六罗汉像等，以及很多佛像和经典。祈寿殿右面有一个小护法殿，里面供有地方神刘琦的塑像。祈寿殿的外面有一块宗喀巴大师母亲背水时休息依靠的石头。

大护法殿的佛像情况：康熙五十一年（公元1712年），降神师曲吉丹巴达尔吉建造了一尊语音王的神像，后来在第二十五任法台西纳曲杰·阿旺丹巴在任时期，由曲吉仁钦贝丹建造了功德和事业之王以及五个明妃、五大臣的像。此外还有具誓法王等护法的像。主尊像右面的供品架里面，有从录尔加村迎请后在三世达赖喇嘛僧裙上画着的语音王的唐卡画像。第五十三任法台嘉雅堪钦·洛桑欠热丹贝尼玛在任时期，由色康金刚持设计安排、阿拉曲嘛工匠所建造的事业王的像，像里有命轮和舍利子等许多圣物。事业王护法神前的供品台上，有黄金五佛等一些重要的圣物，其左右两边有各种观音像。事业王护法像的右边，依次是九世班禅曲吉尼玛曾经骑过的一匹白马的全皮模型。大护法殿上面的祭殿中，最里面有语音王等护法三幅唐卡，其前面是一座佛塔。大护法殿的第二层前窗里，是威镇三界莲花生大师塑像。门左右的壁画是大护法神扬勒尉尔（孜玛尔）和属将布扎那波二位。院落回廊的左右两边是属将多杰扎丹和扎哲二神的画像。

大乘护法殿的佛像情况：塔尔寺的小护法殿现称为大乘护法殿，殿里有降神师坚赞桑布建造的伦布多杰扎丹的像，据说建造这尊护法像的时候出现了许多奇特的景象。另外还有事业王等许多护法的像。

居巴扎仓的佛像情况：经堂的座席中央有居巴扎仓历任堪布的法座，法座的右边有塔尔寺大经堂分给居巴扎仓的佛像，金铜铸造的释迦牟尼、胜乐、密集、大威德的像，还有金铜铸造的带背光的宗喀巴大师的像，以及金铜建造的密集、胜乐、大威德三本尊的坛城。法座左面有从大经堂分出来的弥勒佛的木刻像，还有上师喜饶僧格的像，木雅大金刚持·杰尊阿旺勒雪嘉措贝桑布的银质灵塔。居巴扎仓的门楼里，有这位上师（杰尊阿旺勒雪嘉措）所造的释迦牟尼像，左面有装有拉科呼图克图灵体的银制灵塔。

居巴扎仓经堂的后殿，有药泥塑造的两层楼高的弥勒佛像，其胎藏有三世佛的舍利，还有高僧大德的舍利、袈裟等各种圣物。此殿中还有金铜铸造的阿底峡大师、宗喀巴大师像，以及全套德格版《甘珠尔》《丹珠尔》和高僧文集等。下护法殿里，有金铜铸造的具誓噶尔纳护法的像，以及许多佛像和唐卡。上护法殿里有听从西纳曲杰·勒巴坚赞差遣的武艺高强、完成事业迅速的自生的具誓噶尔纳药泥像，还有六世班禅洛桑贝丹益希所赐的白色绸缎袈裟，以及供品台。要想知道这方面的详细历史，请参照色多·楚臣嘉措所写的《塔尔寺志》。供品台的里面、左右和后面有达扎吉隆活佛和阿嘉·洛桑丹贝坚赞手绘的骑羊护法唐卡和金唐，还有拉科·喜饶群觉赐给的骑羊护法唐卡，六世班禅洛桑贝丹益希赐给的火枪和铁锤，从塔尔寺的护法殿拿来的铁斧，九世班禅曲吉尼玛赐给的火枪和大刀，另外还有很多释迦牟尼和度母等的画像、塑像。怙主殿里，有驱除苦难的六臂智慧怙主及其随从等的众多塑像和唐卡，各种珠宝装饰，还有章嘉活佛和土观活佛的本尊像。这两尊像由珍珠装饰，所以又称“珍珠怙主”。还有却西工匠洛桑喜念建造的六臂怙主的像和唐卡。卓玛殿里，有喀尔喀蒙古哲布尊丹巴活佛赐给的度母像，成为该殿的主尊像。天窗里面的主尊是宗喀巴大师的母亲香萨阿曲的头盖骨，上有自现的三个藏文字母。

曼巴扎仓的佛像情况：经堂的中间，有曼巴扎仓历任洛本（师父之意，对该扎仓堪布的称呼）的法座。法座的右面有一尊宗喀巴说过“很像我”的佛像，此尊像之外还有宗喀巴像、度母像和八善逝如来的坛城。法座的左面有观世音的药泥像、弥勒佛像，以及红檀香木做成的吉祥天女及其两个随从的像，还有大威德金刚、护法天女、多闻天王等很多神像。此外，还有全套完整的《大藏经》写本和一部完整的木刻本。经堂上面的佛塔殿里，又有药泥塑造的药师佛像及金铜铸造的药师八佛像，贡如空行母留有手印的石头等。前面的天窗佛堂里（前檐殿），有被很多高僧加持过的九尊忿怒金刚唐卡以及忿怒金刚像，还有色多·楚臣嘉措的像。右面的护法殿里，有各种护法神像和唐卡，用药泥铸造的药叉尚论五部伏魔金刚的双身像等，是经洛桑丹贝坚赞开过光的。前面的天女殿中，有用药泥塑造的吉祥天女像，是经七世达赖喇嘛格桑嘉措和六世班禅贝丹益希开过光的。此外，还有法主顿珠仁钦像、马头明王像等很多神像。左面的护法殿中有用药泥塑造的守护修行的具誓金刚，还有用珠宝装饰的佛像，这些也都是七世达赖喇嘛和六世班禅的嘱托事业。

丁科尔扎仓的佛像情况：经堂的中间，有丁科尔扎仓历任上师的法座，法座右面的供品台上有一个小门，有历任前辈们用金铜铸造的时轮金刚像、释迦牟尼像、观世音像。中间门框里有却西堪钦·洛桑降曲丹贝尊美贝桑布作为修供佛像而用金铜铸造的时轮金刚像。其右面，有金铜铸造的文殊、宗喀巴大师、无量寿等三尊佛像。法座的左面，有用药泥铸造、以珠宝装饰的巨大弥勒佛像，该像配有雕刻六种瑞兽的木座。这尊佛像装藏有善逝佛的三颗舍利、历辈达赖喇嘛和历辈班禅大师的法衣和手制擦擦、九世班禅曲吉尼玛的头发、怙主木雅金刚持·阿旺勒雪嘉措贝桑布的法衣和念珠，以及其他高僧大德的法衣和擦擦，旃檀树叶和花等，用四种舍利充满装藏。像的左面有金铜铸造的长寿三尊（无量寿佛、白度母、尊胜佛母）之像，再左面有护法多杰秀丹的唐卡，唐卡的背面有班禅大师按过的手印，唐卡的前面，有用药泥铸造的多杰秀丹塑像。此外还有很多佛像和佛经等。经堂上面的护法殿里，有金铜铸造的多闻天王像，用印度响铜铸造的长寿佛像，用五台山的石头雕刻的五部文殊、事业明王等很多重要的神像。前檐殿里有跟常人身量一样的具种王的黄金像，是前檐殿的主尊。

被称为森康贡玛的观音殿（通常称为上寝宫）：是藏历第十六饶迥的木鼠年，即公元 1984 年 7 月开始重新修建的。其里面的主尊像是用药泥新塑造的千手千眼观音像，像装藏有迦叶佛的舍利，宗喀巴大师和阿底峡的法衣碎片，嘉色准美等高僧大德制作的擦擦，西纳活佛书写的《三斋戒仪轨》，菩提树的叶子，旃檀树的叶子、花朵等各种舍利，还有一盏以前旧观音像装藏的酥油灯。此外,观音像的左右两边还有三怙主(文殊、金刚手、观世音）的像，还有我所进献的吉祥天女的像和唐卡。藏历十月十九日开始的三天中，举行了盛大的依止十三尊大威德的开光仪式。

内转经道和外转经道的长度情况：宗喀巴大佛塔一周有 16 步弓（约 27 米），宗喀巴大佛塔殿（大金瓦殿）有 50 多步弓（约 83 米），整个塔尔寺转经道的长度是 2420 步弓（约 4667 米）。绕行塔尔寺外转经道，应转 350 圈，如果磕长头的话就磕 7 圈；绕行宗喀巴大佛塔殿，就转 34000 次；绕行释迦牟尼殿、弥勒殿、护法殿等应转 6000 次。在宗喀巴大佛塔前磕完十万个长头，等于完成了一次完整的礼拜。

六

结语和祝赞

祈愿因为我写作此文章的善业，
祖师和狮子法座上的历任大德，
在世世代代中对我们有缘众生，
愉快地赐予密切关注随时护持！

佛法讲习修持之源塔尔寺，
僧众和睦同心并持戒清净，
听闻思辩如上弦月日益增盛，
吉祥瑞景在一切时处显现！

在广大世间的各个地方中，
唯有这里将各种恶兆平息，
增加终极幸福的吉祥征兆，
祈愿不灭的佛法长久住世！

愿本文作者我在历次受生中，
不离开文殊怙主的耳传教法，
闻思修持佛法的显密经论，
自己的各种心愿都能够成就！

以上关于佛教大寺院衮本强巴林（塔尔寺）的简志《遍显明镜》，是因为一些管事人员劝请说需要这样一本书，所以由我却西·洛桑贝丹龙日加措依据二世加木样晋美旺布所写《塔尔寺历任法台——珍珠宝串》，色多·意希土丹嘉措所写的《塔尔寺志——悦耳妙音》，噶希巴·楚雄若贝洛追所写的《塔尔寺志——极明宝镜》，色多·洛桑楚臣嘉措所写的《塔尔寺志——梵界妙音》等书集合整理写成这一简志。

祈愿吉祥！

附录

༄༅། །གདན་ས་ཆེན་པོ་སྐུ་འབུམ་བྱམས་པ་གླིང་གི་དཀར་ཆག་
ཀུན་གསལ་ལྟ་བའི་མེ་ལོང་ཞེས་བྱ་བ་
བཞུགས་སོ། །

ཆེ་ཤོས་དཔལ་ལྡན་ལུང་རིགས་རྒྱ་མཚོས་མཛད།

༄༅། །རབ་བཟང་མཚན་དཔེའི་དཔལ་ཡོན་རབ་མཛེས་བཅུ་དྲུག་ཆ་རྫོགས་ཡིད་འོང་ཀུན་དུ་རྒྱས། །

རབ་ཡངས་ཟབ་རྒྱས་ལེགས་བཤད་རབ་སྙན་སྐབས་གསུམ་ལྷ་ཡི་རོལ་མོ་སྒྲོགས་བཅུར་ཁྱབ། །

རབ་ལྡན་སྤྲངས་རྟོགས་ཀུན་རྫོགས་རབ་རྒྱས་དཔག་བསམ་ཡོངས་འདུའི་འབྲས་བཟང་ཀུན་དུ་བཀྲ། །

རབ་མང་བདག་སོགས་སྐྱི་བོར་རབ་ཏུ་བཀོད་དེ་མཆོག་དང་ཐུན་མོང་དངོས་གྲུབ་སྩོལ། །

རབ་མཛེས་ཡིད་འོང་མཚན་དཔེ་གསལ་རྫོགས་སྐུ། །

རབ་སྙན་ལྷ་ཡི་རོལ་མོ་སྒྲོག་པའི་གསུང་། །

རབ་གསལ་ཆོས་ཀུན་མངོན་སུམ་གཟིགས་པའི་ཐུགས། །

འཇམ་མགོན་རྒྱལ་བ་གཉིས་པའི་ཞབས་ལ་འདུད། །

རབ་འབྱམས་རྒྱལ་ཀུན་འདུས་ཞལ་ཧཱ་ལྷང་དབང་། །

རབ་སྙན་མདོ་སྔགས་ལེགས་བཤད་རོལ་མོ་ཆེ། །

རབ་བཟང་འགྲོ་བའི་དཔལ་དུ་ལེགས་འདོམས་པའི། །

རབ་མཛེས་དྲིན་ཅན་རྩ་བའི་བླ་མར་འདུད། །

མཆོག་ཏུ་དད་པ་འོ་མའི་ཆུ་གཏེར་དབུས་ན་རོལ་གར་མཛེས། །

མཛེས་ལྡན་ཉམས་འགྱུར་རྣམ་བཀྲ་ཀ་ལ་པིང་ཀའི་རབ་སྙན་དབྱངས། །

དབྱངས་ཅན་ངག་གི་རྗེས་འགྲོ་རྒྱལ་བ་གཉིས་པའི་གདན་ས་ཆེ། །

ཆེ་མཆོག་དམ་པའི་བསྔགས་བརྗོད་ཚུལ་འདིར་འཇུག་པ་ཅིས་མི་སྤྲོ། །

སྐུ་གསུམ་ནོར་བུའི་མཚན་དཔེ་ཡིད་འཕྲོག་མཛེས། །

འབུམ་ཕྲག་མཁས་དང་གྲུབ་པའི་ལེགས་བཤད་ཀྱིས། །

མདོ་སྔགས་བཤད་སྒྲུབ་འཕེལ་བའི་ཆོས་གྲྭ་ཆེ། །

སྡེ་འདིའི་དཀར་ཆག་འོད་སྟོང་དེང་འདིར་ཤར། །

དེ་ལ་འདིར་ས་གསུམ་གྱི་སྒྲོན་མེ་གཅིག་པུ་འཇམ་མགོན་བླ་མ་ཆོས་ཀྱི་རྒྱལ་པོ་ཙོང་ཁ་པ་ཞེས་སྙན་པའི་བ་དན་འཛམ་གླིང་ཡངས་པའི་འཇིག་རྟེན་ན་མངོན་པར་གཡོ་བ་འདི་ཉིད། སྐུ་བལྟམས་པའི་གནས་མཆོག །འགྲོ་བ་ཡོངས་ཀྱི་ཞིང་ས་བླ་ན་མ་མཆིས་པ་ཕྱོགས་ཐམས་ཅད་ལས་རྣམ་པར་རྒྱལ་བའི་ཆོས་སྡེ་ཆེན་པོ། སྐུ་འབུམ་བྱམས་པ་གླིང་གི་གནས་འདི་ཇི་ལྟར་བྱུང་ཚུལ་དང་། སྡེ་འདིའི་རྟེན་དང་བརྟེན་པ་ཇི་ལྟར་བྱུང་ཚུལ་ཆེ་ལོང་ཙམ་དུ་བརྗོད་པ་གཉིས་ལས།

ས་བཅད་དང་པོ་ནི། རྗེ་བཙུན་འཇམ་པའི་དབྱངས་ཀྱིས་རྟོགས་ལྡན་འཇམ་དཔལ་རྒྱ་མཚོར་གདམས་པ་ལས། འདི་ནས་བྱང་ཤར་གྱི་མཚམས་སུ་མདོ་ཕྱོགས་ཟླུང་འབྲེལ་གྱི་བསྟན་པའི་བདག་པོ། འཇམ་མགོན་བླ་མ་ཤར་ཙོང་ཁ་པ་ཆེན་པོ་སྐུ་འཁྲུངས་ཤིང་། མ་འོངས་པ་ན་དག་པའི་ཞིང་མཆོག་དམ་པ་ངོ་མཚར་རྨད་བྱུང་བཀོད་པའི་ཞིང་ཁམས་སུ། དེ་བཞིན་གཤེགས་པ་སེང་གེའི་ང་རོ་ཞེས་བྱ་བར་སངས་རྒྱས་པར་འགྱུར་རོ། །ཞེས་སོགས་ལུང་བསྟན་པ་ལྟར། བདག་ཉིད་ཆེན་པོ་འདི་ཉིད་སྐུ་བལྟམས་པའི་གནས་ནི། ད་ལྟའི་སྐུ་འབུམ་གསེར་སྡོང་ཆེན་མོའི་ཤུལ་འདི་ཡིན་ནོ། །སྐུ་འཁྲུངས་པའི་དུས་ནི། ཊཱི་ཀ་ཆེན་དེ་ཉིད་སྣང་བ་ལྟར་ན། སྟོན་པ་མྱ་ངན་ལས་འདས་པའི་ཚུལ་བསྟན་

ནས་ལོ་ཉིས་སྟོང་ཆིག་བརྒྱ་དགུ་ཅུ་གོ་གཅིག་འདས་པ། བོད་རབ་བྱུང་དྲུག་པའི་བགྲང་བྱ་སོ་གསུམ་པ་(སོ་གཅིག་པ་ཞེས་རྩོམ་སྒྲིག་པས་)མེ་མོ་བྱ་སྟེ་སྤྱི་ལོ་༡༣༥༧ལོའི་ཟླ་བཅུ་པའི་ཚེས་བཅུའི་སྔ་དྲོའི་ཆ་ལ། ཡབ་ཀླུ་འབུམ་དགེ་དང་། ཡུམ་ཤིང་བཟའ་ཨ་ཆོས་གཉིས་ཀྱི་སྲས་སུ་ངོ་མཚར་བའི་ལྟས་དང་བཅས་སྐུ་བལྟམས་སོ། །དེ་ནས་བཟུང་ད་བར་ལོ་དྲུག་བརྒྱ་དང་ཉེར་ལྔ་སོང་ཡོད། སྐབས་དེར་ཧིང་གིར་རྒྱལ་རབས་ཐ་མ་བཅུ་དྲུག་པ་ཧི་ཡུན་ཅི་ཐང་ངམ། ཐོ་གན་ཐེ་མུར་གྱི་ཁྲི་ལོ་ཉེར་ལྔའི་དུས་ཡིན་ནོ། །

དགུང་ལོ་གསུམ་པའི་ཚེ་ཀརྨ་པ་རོལ་པའི་རྡོ་རྗེ་ལས་ཡོངས་རྫོགས་དགེ་བསྙེན་གྱི་སྡོམ་པ་བཞེས། ཆོས་རྗེ་དེ་ཉིད་ཀྱིས་རྗེ་བདག་ཉིད་ཆེན་པོ་འབྱུངས་མ་ཐག་ལྟེ་བ་བཅད་པའི་རཀྟའི་བདུད་རྩི་ས་ལ་འཐོས་པ་ལས་ལྗོན་ཤིང་ཁྱད་པར་ཅན་ཞིག་སྐྱེ་བ་སོགས་ངོ་མཚར་རྨད་དུ་བྱུང་བའི་ལུང་བསྟན་མཛད། ལོ་འདི་གའི་ནང་བྲག་བྱ་ཁྱུང་དུ་ཕྱོན། ཆོས་རྗེ་དོན་གྲུབ་རིན་པོ་ཆེས་སྤྱན་གྱི་འབྲས་བུ་ལྟར་བསྐྱངས། དགུང་ལོ་བདུན་པའི་ཚེ་ཆོས་རྗེ་དོན་རིན་

པས་མཁན་པོ་མཛད་ནས་རབ་བྱུང་དང་དགེ་ཚུལ་བསྒྲུབས་ཏེ་བློ་བཟང་གྲགས་པའི་དཔལ་ཞེས་མཚན་གསོལ། གཞན་ཡང་རྡོ་རྗེ་འཇིགས་བྱེད་དང་། འཁོར་ལོ་བདེ་མཆོག །འཁོར་ཆེན་སོགས་ཀྱི་དབང་བསྐུར་ཏེ་གསང་མཚན་ལ་དོན་ཡོད་རྡོ་རྗེར་བཏགས། ཡི་གེ་འབྲི་ཀློག་དང་། མདོ་སྔགས་ཟབ་ཆོས་མང་དུ་སྩལ།

དགུང་ལོ་བཅུ་དྲུག་བཞེས་པ་ན་མཁན་པོས་བདག་རྐྱེན་མཛད་ནས་དབུས་སུ་བྱོན། སྐབས་དེར་སྤྱི་ལོ་༡༣༧༣ཡིན། འབྲི་གུང་མཐིལ་དང་། སྣེ་ཐང་བདེ་བ་ཅན། ས་སྐྱ་ལ་སོགས་པའི་ཆོས་གྲྭ་མང་པོར་བྱོན་ནས་རིགས་པའི་གཞུང་ལུགས་ལ་སྦྱངས་པ་མཐའ་ཆོད་པར་མཛད། དབུས་གཙང་དུ་བཀའ་ཆེན་བཞིའི་གྲྭ་སྐོར་མཛད་ནས་བཀའ་བཞི་པ་བློ་བཟང་གྲགས་པ་ཞེས་སྙན་པ་ཕྱོགས་ཀུན་ཏུ་རྒྱས། དགུང་ལོ་སུམ་ཅུ་པ་ལ་མཁན་པོ་ཚུལ་ཁྲིམས་རིན་ཆེན་སོགས་དགེ་འདུན་གྲངས་ཚང་བ་ལས་བསྙེན་རྫོགས་བཞེས། ཚ་ཁོ་དག་དབང་གྲགས་པ་སོགས་སྡེ་སྣོད་འཛིན་པ་མང་པོ་ལ་བཀའ་ཆེན་བཞིའི་བཤད་

པ་སྦྲུལ། སྐྱིད་ཤོད་ཚལ་དུ་བཀའ་འགྱུར་ལ་གཟིགས་རྟོག་མཛད། བདེ་བ་
ཅན་དུ་འཆད་པ་མང་དུ་གནང་། ཁྱད་པར་དུ་མོན་མཁར་བཀྲ་ཤིས་གདོང་དུ་
མཁས་མང་རྒྱ་མཚོ་ལྟ་བུ་ལ་རྒྱ་གར་སྐད་བཅོ་ལྔའི་དབུ་དུས་གཅིག་ཏུ་
བཞུགས་ཏེ་བཤད་པ་མཛད་པ་ནི། མཛད་པ་ཐམས་ཅད་ཀྱི་མཆོག་ཏུ་གྱུར་
པའོ། །དབུ་མ་བརྩོན་འགྲུས་སེང་གེས་མཚམས་སྦྱོར་གནང་ནས་འཇམ་པའི་
དབྱངས་ལས་ཟབ་ཆོས་དུ་མ་གསན། ཀླུ་སྒྲུབ་ཡབ་སྲས་ཀྱི་དགོངས་པ་ཕྱིན་ཅི་
མ་ལོག་པར་ཐུགས་ལ་འཁྲུངས། ལྷོ་བྲག་ནམ་མཁའ་བཟང་པོ་(ནམ་མཁའ་
རྒྱལ་མཚན་ཞེས་རྩོམ་སྒྲིག་པས་)དང་། བྲ་གོར་ཆོས་སྐྱབས་བཟང་པོ་གཉིས་
ལ་བཀའ་གདམས་ཀྱི་སྐོར་གསན་ནས་ཉམས་སུ་བཞེས་པས་གསུང་རབ་
ཐམས་ཅད་གདམས་ངག་ཏུ་ཤར། འཇམ་པའི་དབྱངས་ཀྱིས་བསྟན་བཅོས་
འདི་དང་འདི་རྩོམས་ཞེས་སྐུལ་མ་མཛད་པ་བཞིན། ལམ་རིམ་དང་དང་
སྔགས་རིམ་ལེགས་བཤད་སྙིང་པོ་སོགས་དཔྱད་པ་གསུམ་གྱིས་དག་པའི་
མདོ་སྔགས་ཀྱི་གཞུང་དུ་མ་ལྷུགས་རྩོམ་མཛད་པ་གསུང་རབ་པོ་ཏི་བཅུ་དགུ་

ཙམ་བཞུགས། དགུང་ལོ་ང་གསུམ་པ་ས་མོ་གླང་སྟེ་སྤྱི་ལོ་༡༩༠༨ལོའི་ཆོ་
འཕྲུལ་ཟླ་བའི་ཚེས་གཅིག་ནས་བཅོ་ལྔའི་བར། མཆན་ཡོད་ཆོ་འཕྲུལ་སྨོན་
ལམ་ཆེན་མོ་བཙུགས། མཉམ་མེད་ཐུབ་པའི་དབང་པོའི་དབུ་ལ་གསེར་གྱི་
དབུ་རྒྱན་སྒྲོན་ཏེ་ཞལ་ལོངས་སྐུར་བསྒྱུར། དགེ་འདུན་སྟོང་ཕྲག་བརྒྱད་ལྷག་
ལ་བསྙེན་བཀུར་རྒྱ་ཆེར་མཛད། ལོ་དེ་གའི་དབྱིད་ལ་འབྲོག་རི་བོ་ཆེ་དགེ་
ལྡན་རྣམ་པར་རྒྱལ་བའི་གླིང་བཏབ་སྟེ། ལོ་བཅུ་གཅིག་གི་རིང་ལ་བཤད་སྒྲུབ་
ཟུང་འབྲེལ་གྱིས་བསྐྱངས་པར་མཛད། དགུང་ལོ་རེ་གསུམ་པ་ས་ཕག་ཟླ་བ་
བཅུ་པའི་ཉེར་ལྔའི་སྔ་དྲོའི་ཆ་ལ། དགེ་ལྡན་གཟིམས་ཁང་དཀར་པོར་
གཟིམས་ཁྲི་ཐ་མའི་མཛད་པ་བསྟན་ཏོ། །སྐབས་དེར་སྤྱི་ལོ་༡༩༡༨ཡིན། ད་
ལྟ་དགེ་ལྡན་ལྔ་མཆོད་ཅེས་གྲགས་པའང་འདི་ཡིན་ནོ། །

ས་བཅད་གཉིས་པ་ནི། ཆོས་སྡེ་ཆེན་པོ་འདིའི་རྟེན་དང་བརྟེན་པ་ཇི་ལྟར་བྱུང་ཚུལ་ཆེ་ལོང་ཙམ་དུ་བརྗོད་པ་ལ། གནས་མཆོག་འདིར་རྗེ་བདག་ཉིད་ཆེན་པོ་འཁྲུངས་པའི་ཚེ། ལྷོ་མཚལ་འཛིན་མར་ལྷུང་བ་ལས་ཙན་དན་དཀར་པོའི་སྡོང་པོ་རྩ་བ་སྦྲོམ་ཞིང་། ཡལ་ག་རྒྱ་ཆེ་བ་འདབ་མ་འབུམ་དང་ལྡན་པ་འདབ་མ་རེ་ལ། རྒྱལ་བ་སེང་གེའི་ང་རོའི་སྣང་བརྙན་རེ་རེས་མཚན་ཞིང་། ཤུན་པ་ལ་སྐུ་གཟུགས་དང་། ཡིག་འབྲུ་ཕྱག་མཚན་རྣམས་རང་བྱོན་དུ་འཁྲུངས་པས་ན་སྐུ་འབུམ་ཞེས་བཏགས་པ་ཡིན་ནོ། །

རྗེ་དགུང་ལོ་ཉེར་གཉིས་བཞེས་པ་རབ་བྱུང་དྲུག་པའི་ས་རྟ་སྟེ་སྤྱི་ལོ་༡༣༧༨ ལོར་ཏཱའི་མིང་ཐོག་མ་ཐེ་ཙུས་དབང་བསྒྱུར་ནས་ལོ་བཅུ་གཅིག་པར།

མདོ་སྨད་ནས་ཡུམ་གྱིས་ང་ནི་རྒས་ཤིང་འཁོགས་པས་ཡུལ་འདིར་ཅིས་ཀྱང་ཕེབས་དགོས་ཞེས་སྐྲ་དཀར་པོའི་ལན་བུ་དང་བཅས་ཞུ་ཡིག་ཕུལ་བར། རྗེ་ཉིད་ནས་མདོ་སྨད་དུ་ཕེབས་པ་དགག་བྱ་ཆེ་ལ། དགོས་པ་ཆུང་བར་དགོངས་ནས་མི་འབྱོན་པར་ཐག་བཅད་དེ། རྗེ་དབོན་པོ་གྲགས་པ་རྒྱལ་མཚན་སྐུ་ཚབ་ཏུ་གཏོང་གནང་མཛད་ནས། ཡུམ་དང་ཨ་ཅེ་གཉིས་ལ་རྗེ་རང་ཉིད་ཀྱི་ཤངས་མཚལ་ལས་གྲུབ་པའི་སྐུ་ཐང་རེ་དང་། སེང་གེའི་ང་རོའི་སྐུ་དཔར་བདེ་མཆོག་གི་བྲུམ་སྐུ་བཅས་བསྐུར་ཏེ། ཁོ་བོ་སྐྱེས་ས་དེར་རྒྱལ་བ་སེང་གེའི་ང་རོའི་སྟོང་བརྟན་འབུམ་དང་། ཙན་དན་སྡོང་པོ་སྙིང་པོར་བྱས་པའི་མཆོད་རྟེན་ཞིག་བཞེངས་ན། ཁོ་བོ་འོངས་པ་དང་ཁྱད་པར་མ་མཆིས་པ་སོགས་ཀྱི་ཡི་གེ་སྒྲོ་རྡུང་དུ་འབྱོར་བ་ན། བྲིས་སྐུ་དེའི་ཞལ་ནས་ཨ་མ་ཞེས་འབོད་པར་མཛད་པས་ཞལ་ཐང་གསུང་འབྱོན་མར་གྲགས། ཡུམ་ཐུགས་ཤིན་ཏུ་སྐྱོ་བའི་ངང་བྲིས་སྐུ་དེ་ཕྱུག་མཆོད་ཀྱི་རྟེན་དུ་མཛད། ཡུམ་གྱིས་ཐུགས་ཁུར་བཞེས་ཤིང་། དད་ལྡན་གཞན་གྱིས་གྲོགས་བྱས་པ་ལ་བརྟེན་ནས། རྗེ་ཉིད་ཀྱི་གསུང་ལྟར་རྒྱལ་

བ་སེང་གེའི་ང་རོའི་སྐུ་བརྙན་འབུམ་དང་། ཙན་དན་སྡོང་པོ་མི་ཚད་ལྷག་ཙམ་གྱིས་མཐོ་ཞིང་ཡལ་ག་རྣམས་ཆུ་ཞིང་གབ་པ་ལྷ་བུ་ཤིན་ཏུ་ངོ་མཚར་བ་དེ་ལ། གོས་ཆེན་གྱི་ན་བཟའ་དཀྲིས་ཏེ། སྙིང་པོར་བྱས་པ་ལ་རྡོ་བརྩིགས་ཀྱིས་བརྟན་པོར་བྱས་ཏེ་པདྨ་སྤུངས་པའི་མཆོད་རྟེན་བཞེངས་པར་མཛད་དོ། །སྐབས་དེར་ས་ལུག་སྤྱི་ལོ་༡༣༧༨ཡིན། ད་བར་ལོ་ངོ་དྲུག་བརྒྱ་དང་གསུམ་སོང་ཡོད། དེ་རྗེས་རྗེ་བླ་མས་ཆོས་འཁོར་རྒྱ་ཆེན་བསྐོར་བའི་སྣན་པ་ཐོས་འཕྲལ་རྣམ་རྒྱལ་མཆོད་རྟེན། ཞི་བར་གཤེགས་ཆེ་མཁྱེན་འདས་མཆོད་རྟེན། རྒྱ་སོག་གི་འབྲུགས་ཆེན་བྱུང་ཚེ་དབྱེན་ཟླུམ་མཆོད་རྟེན། སྐུའི་སྐྱེ་བ་འཁྲུངས་པ་ན་ལྷ་བབས་མཆོད་རྟེན་དུ་རིམ་བཞིན་བསྒྱུར་བ་བཅས་བྱུང་ངོ་། །

དེ་ནས་ཧྲའི་མིང་རྒྱལ་པོ་ཀྲུ་ཀྱིང་གནམ་ལོ་སོ་དགུ་པ་དྲག་པོ་ལྕགས་སྤྲེལ་སྤྱི་ལོ་༡༥༨༠ལོར། སྒྲུབ་ལ་གཅིག་ཏུ་གཞོལ་བའི་སྒོམ་ཆེན་རིན་ཆེན་བརྩོན་འགྲུས་རྒྱལ་མཚན་གྱིས་ལྷག་བསམ་རྣམ་དག་གིས་ཀུན་ནས་བསླངས་ཏེ། དགེ་འདུན་བདུན་ཕྲག་ཙམ་ཡོད་པའི་དགོན་སྡེ་ཆུང་ངུ་ཞིག་གསར་དུ

བཏབ། དེ་ཡང་རིམ་གྱིས་འཕེལ་ཏེ་དགེ་འདུན་སུམ་ཅུར་ལོངས་པ་བྱུང་། དེ་རྗེས་གོང་མ་ཐན་ལི་རྒྱལ་པོ་ཁྲིར་འཁོད་ནས། ལོ་ལྔ་ལོན་ནས་མེ་གླང་སྤྱི་ལོ་༡༥༧༧ལོར་གནས་འདིར་གཙུག་ལག་ཁང་བཞེངས་ཏེ་སྒོམ་ཆེན་དེ་ཉིད་ཀྱིས་སྦྱིན་བདག་མཛད་ནས། སྨན་འདམ་ལས་གྲུབ་པའི་རྒྱལ་བ་མི་ཕམ་མགོན་པོ་དགུང་ལོ་བཅུ་གཉིས་པའི་སྐུ་ཚད་བཞེངས་ཏེ། རབ་གནས་མཛད་པའི་ཚེ་ལྟས་ཡ་མཚན་པ་མང་པོ་བྱུང་། དེ་ནས་བཟུང་དགོན་པ་འདིའི་མིང་ལ་བྱམས་པ་གླིང་ཞེས་མཚན་ཐོགས། གཞན་ཡང་། རྗེ་བླ་མ་རྗེ་བཙུན་བྱམས་པ་དང་ཐུགས་རྒྱུད་གཅིག་པའི་རྒྱུ་མཚན་གྱིས་བྱམས་པ་གླིང་ཞེས་བཏགས་པར་བཤད་ཚུལ་ཡང་ཡོད་དོ། །དེ་ནས་ཏཱའི་མིང་ཐན་ལི་གནམ་ལོ་དྲུག་པ་ས་ཕོ་སྟག་སྤྱི་ལོ་༡༥༧༨ལོར་ཐམས་ཅད་མཁྱེན་པ་༧རྒྱལ་བ་བསོད་ནམས་རྒྱ་མཚོ་ཨལ་ཐན་རྒྱལ་པོས་སྤྱན་དྲངས་ནས་སོག་ཡུལ་དུ་ཕེབས་ཏེ་རྒྱལ་བློན་འབངས་དང་བཅས་པ་ལ་དམ་པའི་ཆོས་ཀྱིས་ཚིམ་པར་མཛད་དེ། ས་མོ་ཡོས་ལ་ཕྱིར་ཕེབས་ཤིང་། སྐབས་དེར་སྐུ་འབུམ་དུ་མ་ཕེབས་པར་མངོན། ལུགས་

སྤྲུལ་ལོར་ཨལ་ཐན་རྒྱལ་པོ་འདས་ཁའི་ཞལ་ཆེམས་བཞིན། ཆུ་རྟའི་ལོར་
ཕྱིར་གདན་དྲངས་ཏེ་མཚོ་སྔོན་པོའི་མཚོ་ཁར་ཕེབས། ཧྭའི་མིང་ཕན་ལི་གནམ་
ལོ་བཅུ་གཅིག་པ་རབ་བྱུང་བཅུ་པའི་ཆུ་ལུག་སྤྱི་ལོ་༡༥༨༣ལོར་ཞིང་སྐྱོང་ནང་
སོས་གདན་དྲངས་ཏེ་༧རྒྱལ་བ་བསོད་ནམས་རྒྱ་མཚོ་སྐུ་འབུམ་དུ་བྱོན།
སྐབས་དེར་མཆོད་རྟེན་ཆེན་མོ་བྱང་ཆུབ་མཆོད་རྟེན་དུ་བསྒྱུར་ཏེ་དངུལ་དཀར་
གྱིས་བཞེངས། སྐུ་འབུམ་དུ་དགོན་སྡེ་རྣམ་དག་ཅིག་བཙུགས་ན་ལེགས་ཞེས་
ཆོས་རྗེ་རིན་ཆེན་བརྩོན་འགྲུས་རྒྱལ་མཚན་བཟང་པོ་དང་། སྦྱིན་བདག་རྣམས་
ལ་བཀའ་ནན་སྩལ་བ་ཐམས་ཅད་ཀྱིས་བཀའ་བཞིན་སྒྲུབ་པར་ཁས་
བླངས། རྒྱལ་དབང་མཆོག་གིས་ས་འདུལ་མཛད་ཅིང་བཀྲ་ཤིས་མེ་ཏོག་གི་
ཆར་ཕབ་ནས་ཕལ་ཆེར་གྱི་ཁང་པའི་གཞི་བཏིང་། གཟིམས་ཁང་ཞིག་གསར་
དུ་བཞེངས་ཏེ། དེར་སྐུ་མཚམས་བསྡམས་ནས་སྨོན་ལམ་རླབས་པོ་ཆེ་མཛད།
དེ་ནས་དད་ལྡན་འགས་སྦྱིན་བདག་མཛད་དེ། ཟླ་བ་དང་པོའི་ནང་དུ་ཆོ་འཕྲུལ་
སྨོན་ལམ་ཡང་གསར་བཙུགས་མཛད།

ཆུ་ཡོས་ལོར་(སྤྱི་ལོ་༡༨༠༣ལོ་ཞེས་རྩོམ་སྒྲིག་པས་)༧རྒྱལ་དབང་བཞི་པ་ཡོན་ཏན་རྒྱ་མཚོ་སོག་ཡུལ་ནས་དབུས་གཙང་དུ་བྱོན་སྐབས་སྟར་གྱི་དགོན་པ་ཉམས་དམས་སུ་སོང་བ། སླར་གསོ་མཛད་པར་དགོངས་ནས་འདུལ་བ་ཆོས་རྗེ་ཕྱི་མ་འོད་ཟེར་རྒྱ་མཚོ་གནས་འདིའི་གདན་སར་བསྐོ་བཞག་མཛད་ཅིང་འགྲིག་ལམ་ཀུན་སྤྱོད་རྣམ་དག་ལྡན་པའི་འཆད་ཉན་གྱི་གྲྭ་ཚང་ཞིག་འཛུགས་དགོས་པའི་བཀའ་ནན་སྩལ་བར་བརྟེན། ལྷ་ཁང་ཉེ་སྐོར་གྱི་གྲོང་པ་རྣམས་བཏོན་ཏེ་གཙང་དགོན་དུ་བྱས།

ཏཱའི་མིང་རྒྱལ་རབས་ཐེའན་ཆི་གནམ་ལོ་བདུན་པ་རབ་བྱུང་བཅུ་པའི་ཆུ་བྱི་སྤྱི་ལོ་༡༨༡༢ལོའི་(རབ་བྱུང་བཅུ་གཅིག་པའི་མེ་ཡོས་ཏེ་སྤྱི་ལོ་༡༨༢༧ལོ་ཞེས་རྩོམ་སྒྲིག་པས་)ཧོར་ཟླ་དང་པོའི་ཚེ་འཕྲུལ་སྨོན་ལམ་ཆེན་མོའི་ཆོས་བཅུ་གཅིག་གི་ཉིན་གདན་སའི་མཁན་རིན་པོ་ཆེ། ཁྲི་རབས་དང་པོ་རྩ་བའི་བླ་མ་འོད་ཟེར་རྒྱ་མཚོ་སེང་ཁྲི་ཆེན་མོའི་སྟེང་དུ་ཐོག་མར་བཞུགས་ནས། དཔལ་ལྡན་བཤད་སྒྲུབ་གླིང་ཞེས་གྲགས་པའི་མཚན་ཉིད་ཀྱི་གྲྭ་ཚང་གསར་དུ་

བཙུགས། ཟླ་བ་དང་པོའི་ཉེར་ལྔ་ནས་དཔྱིད་ཆོས་དང་པོ་ཚུགས་ཏེ། དེ་ནས་ཐོག་མར་ཆོས་ཐོག་དང་། ཚད་མའི་འཛིན་གྲྭ་ལྔ་དང་ཕར་ཕྱིན་འཛིན་གྲྭ་གཉིས་ཏེ་འཛིན་གྲྭ་བདུན་དུ་ཕྱེ་ནས་རྩོད་གྲྭ་དང་རྩོད་ཡིག་སོགས་གསར་དུ་མཛད། དེ་ནས་བཟུང་ཆོས་སྡེ་ཆེན་པོ་སྐུ་འབུམ་བྱམས་པ་གླིང་འདིར། རྒྱལ་བའི་ལུང་རྟོགས་ཀྱི་བསྟན་པའི་རྒྱལ་མཚན་བཤད་སྒྲུབ་འཆད་ཉན་རྣམ་དག་གིས་སྒྲེང་བར་མཛད་པའི་མགོ་བརྩམས་པ་ཡིན་ནོ། །

དེ་ནས་ཁྲི་རབས་བདུན་པ་བཙན་པོ་དོན་གྲུབ་རྒྱ་མཚོའི་སྐབས། ཁལ་ཁ་ཨེར་ཧི་ནི་ཧུང་ཐེ་ཅིས་སྦྱིན་བདག་བྱས། ཆུ་བཟང་རྣམ་རྒྱལ་དཔལ་འབྱོར་ཀྱིས་ཞལ་བཀོད་མཛད་དེ། མཆོད་སྡོང་ཆེན་མོ་བྱང་ཆུབ་མཆོད་རྟེན་ལ་དངུལ་དཀར་གསེར་ཆོས་ཀྱི་ཚོགས་རྒྱུན་དང་རིན་ཆེན་སྣ་ཚོགས་ཀྱི་ཕྲ་རྒྱན་སྤྲས་པའི་ཚོ་འཕྲུལ་མཆོད་རྟེན་གྱི་རྣམ་པར་བཞེངས། ནང་གི་ཙན་དན་ལྗོན་ཤིང་རིན་པོ་ཆེ་དེའི་རྩ་བ་ལས་ཕྱི་རོལ་དུ་ཡལ་ག་གཅིག་གསར་དུ་སྐྱེས་པ་ད་ལྟའི་གསེར་སྡོང་མདུན་གྱི་ཙན་དན་སྡོང་པོ་འདི་ཡིན། འདིའི་ཤུན་པ་དང་ལོ་

མའི་སྙིང་དབྱངས་གསལ་གྱི་ཡི་གེ་སོགས་ཡོད། གདུལ་བྱ་དག་སྣང་ཅན་གྱིས་མཐོང་རྒྱུ་ཡོད་གསུངས། མཆོད་རྟེན་ཆེན་མོའི་རྒྱ་དཔངས་ཀྱི་ཚད་ནི། མཐའ་སྐོར་ས་ཁྱོན་གྲུ་བཞི་མ་སྤྱི་ཁྲི་༢༥དང་། རིང་ཐུང་ལ་སྤྱི་ཁྲི་༢༠དང་། མཐོ་ཚད་ལ་སྤྱི་ཁྲི་༡༡ཡོད། གསེར་སྡོང་ཆེན་མོའི་ས་ཁྱོན་གྲུ་བཞི་མ་སྤྱི་ཁྲི་༤༥༦དང་། མཐའ་སྐོར་ལ་སྤྱི་ཁྲི་༢༩དང་། མཐོ་ཚད་ལ་སྤྱི་ཁྲི་༡༨ཡོད་དོ། །སྔོན་ཆད་མཆོད་སྡོང་ཆེན་མོ་པད་སྤུངས་མཆོད་རྟེན་ནས་རྣམ་རྒྱལ་མཆོད་རྟེན་དུ་སྒྱུར་དུས། ཞིང་སྐྱོང་དང་། ཆེ་ཀྲཱ། ཀླུ་འབུམ། མི་ཉག །ཟི་ན་ཚོ་བ་བཅས་ཀྱིས་གཙོ་བྱས་མཚོ་སྔོན་གྱི་དད་ལྡན་མི་སྣ་ཡོངས་ཀྱིས་སྦྱིན་བདག་མཛད་དེ་མཆོད་རྟེན་ཆེན་མོ་ལ་ལྷ་ཁང་གསར་དུ་བཞེངས། དེ་ནས་བཟུང་ཕྱག་སྐོར་དང་མཆོད་འབུལ་བྱེད་མཁན་རྒྱུན་མི་ཆད་པར་བྱུང་། ཏཱ་ཆིང་གོང་མའི་རྒྱལ་རབས་ཚུགས་ནས་ལོ་ཞེ་བདུན་པ་ས་བྱི་ལོར(སྤྱི་ལོ་༡༧༠༢ལོ་ཞེས་རྩོམ་སྒྲིག་པས)། མཚོ་སྔོན་ཆིང་ཧྲང་བཀྲ་ཤིས་པཱ་ཐུར་ཐེ་ཅི་ཙུང་ཧྲང་དང་དཔོན་པོ་བསོད་ནམས་བཀྲ་ཤིས་ཀྱིས་སྦྱིན་བདག་བྱས་ཏེ། གསེར་སྡོང་ཆེན་མོའི་ལྷ་

ཁང་རྒྱ་བསྐྱེད། ཆིན་ཁྲོ་ཁྲི་ལོ་ལྔ་བཅུ་པ་ལྷུགས་ཡོས་ལོར་(སྤྱི་ལོ་༡༧༡༡ལོ་ཞེས་རྩོམ་སྒྲིག་པས་)ཀ་བ་བཅོ་ལྔའི་རྒྱ་ཁྱོན་ཁེབས་པའི་གསེར་ཟངས་ཀྱི་རྒྱ་ཕིབས་ཁྱད་མཚར་ཅན་གསར་བསྐྲུན་བྱས། འདི་ནི་ཁྲི་ཐོག་བཅོ་བརྒྱད་པ་ཆུ་བཟང་བློ་བཟང་བསྟན་པའི་རྒྱལ་མཚན་གྱི་སྐབས་ཡིན།

ཏཱ་ཆིང་རྒྱལ་རབས་བཞི་པ་ཆན་ལུང་རྒྱལ་པོའི་ཁྲི་ལོ་ལྔ་པ་ལྷུགས་སྤྲེལ་ལོར(སྤྱི་ལོ་༡༧༩༠ལོ་ཞེས་རྩོམ་སྒྲིག་པས)། མི་དབང་ཕོ་ལྷ་བ་བསོད་ནམས་སྟོབས་རྒྱལ་གྱིས་དངུལ་སྲང་ཉིས་ཁྲི་བདུན་སྟོང་བཏྭལ་བའི་རྒྱུ་སོང་གིས་གསེར་སྟོང་ཆེན་མོར་གསེར་རྩེའི་རྒྱ་ཕིབས་དང་། གཙུག་རའི་ཏོག་གི་ནང་ཤཱཀྱའི་རྒྱལ་པོའི་འཕེལ་གདུང་སོགས་བཞུགས་པ། ནོར་བུ་འབར་བ་ཆ་གཅིག་གི་ནང་ལ་རྒྱ་བོད་ཀྱི་གཏེར་རྫས་སྣ་ཚོགས་ཀྱིས་གཏམས་པར་བྱས་ཏེ་ལེགས་པར་ཕུལ་ཅིང་། བཀྲ་ཤིས་ཀྱི་དགའ་སྟོན་ཆད་དུ་བྱུང་བ་བྱས་སོ། །ཏཱ་ཆིང་རྒྱལ་རབས་བཞི་པ་གོང་མ་ཆན་ལོང་གི་གནམ་ལོ་བཅུ་གཅིག་པ་མེ་སྟག་ལོར་(སྤྱི་ལོ་༡༧༩༨ལོ་ཞེས་རྩོམ་སྒྲིག་པས་)མཚོ་སྔོན་ཆེན་ཁང་བསྟན་འཛིན་

དབང་ཕྱུག་དང་། དཔོན་མོ་ཨེར་ཁེ་ཤ་ར་གཉིས་ཀྱིས་སྦྱིན་བདག་བྱས་ནས། གསེར་སྟོང་ཆེན་མོར་གསེར་ཟངས་ཀྱི་མདའ་ཡབ་ཁྱད་མཚར་དང་། སྟེང་དུ་ནོར་བུ་འབར་བ་ཆ་གཅིག་བཅས་བསྐྲུབས། གནམ་ལོ་བཅུ་གསུམ་པ་རབ་བྱུང་བཅུ་གསུམ་པའི་ས་འབྲུག་ལོར(སྤྱི་ལོ་༡༧༩༨ལོ་ཞེས་རྩོམ་སྒྲིག་པས)། སྐུ་འབུམ་ཆོས་སྐྱོང་ཆེན་མོས་མཆོད་རྟེན་གྱི་འོག་གཞི་གསར་བཟོ་བྱེད་དགོས་ཀྱི་ལུང་བསྟན་དང་། ཐོག་མཐའ་བར་གསུམ་གྱི་བཀོད་ཁྱབ་ལྟར། ཁྲི་ཆེན་ཉེར་དྲུག་པ་གསེར་ཏོག་ངག་དབང་བསྟན་པའི་རྒྱལ་མཚན་ནས་དངུལ་སྲང་སྟོང་ཕྲག་བཞིའི་མཐུན་རྐྱེན་སྦྱར་ཞིང་འགན་ཁུར་བཞེས་ཏེ། མཆོད་རྟེན་ཆེན་མོའི་འོག་གཞིའི་ཟ་མ་ཏོག་གི་ནང་དུ་ཙན་དན་ལྗོན་ཤིང་གི་ཕྱི་ལ་རྡོ་རྩིག་རིམ་པ་དྲུ་མ་བརྩིགས་པའི་རྩིག་པ་ལ་འཕར་སྐྱོན་བྱུང་བ་བཟོ་བཅོས་ཀྱིས་བརྟན་པོ་བྱས་ཏེ། ངོས་གཙང་བར་བཞེངས་པ་དང་། མཆོད་རྟེན་ཆེན་མོ་ཡང་སྔར་བཞིན་བཞུགས་སུ་གསོལ་ཏེ་རབ་གནས་རྒྱས་པར་མཛད། སྔོན་ཆད་ཆོས་རྒྱལ་ཕོ་བྲང་ནང་གི་གནམ་སྒོ་ཕྱེ་ན། མཆོད་རྟེན་ནང་དུ་མཇལ་ཆོག་པ་ཡོད་

ཀྱང་། དེ་ནས་བཟུང་མཆོད་རྟེན་ནང་དུ་མཛལ་ཁ་གཏོང་མི་ཆོག་པ་དང་། དེའི་འཇུག་ལམ་མེད་པར་བྱས། ལྷོན་ཤིང་ཆེན་མོའི་མཐའ་སྐོར་གྱི་ས་དང་རྗོ་ཁང་ནང་གི་ནང་རྟེན་སོགས་ཀྱི་ལྷག་མ་རྣམས་སྙིང་པོར་བྱས་ཏེ་ད་ལྟ་དགོན་པའི་བྱང་ངོས་ཀྱི་མཆོད་རྟེན་སྒོ་བཞིར་གྲགས་པ། མཆོད་རྟེན་འོག་ཏུ་སྒོ་གཉིས་ཡོད་པ་དེ་ཡིན། ཚན་ལུང་ཁྲི་ལོ་ང་གཅིག་པ་རྒྱ་འབྲུག་ལོར་(མེ་རྟ་སྤྱི་ལོ་༡༧༨༦ལོ་ཞེས་རྩོམ་སྒྲིག་པས་)སླར་ཡང་ཚིང་ཤང་བཀྲ་ཤིས་པུ་ཐུར་ཐེ་ཅིས་སྦྱིན་བདག་མཛད་དེ་གསེར་སྲང་བརྒྱ་དང་དངུལ་སྲང་ཁྲི་ལྷག་གིས། གསེར་སྟོང་ཆེན་མོའི་མཆོད་རྟེན་རྒྱ་ཐེ་ཆེར་བཏང་ནས་སྤྱན་དབྱེའི་ཚོ་གས་བྱིན་ཕབ་མཛད།

དེ་ནས་ཁྲི་ཆེན་ང་བརྒྱད་པ་སྐྱབས་རྗེ་ཤིང་བཟའ་པཎྜི་ཏ་མཁན་ཆེན་ཚུལ་ཁྲིམས་ཕུན་ཚོགས་དཔལ་བཟང་པོའི་སྐབས། སྐྱབས་རྗེ་ཨ་ཀྱཱ་རིན་པོ་ཆེ་ནས་གསེར་སྟོང་བཞེངས་ཐེབས་ཀྱི་དངུལ་སྲང་སྟོང་ཕྲག་དུ་མ་སྡར་ནས་སྐྱལ་འབྱོར་ཡོད་པ་ལ་བརྟེན། བླ་གྲྭ་འདུས་སྤྱི་ཡོངས་ནས་ཀྱང་ཐུགས་འདོད་ཡོད་

པ་ལྷུར་གསར་བཞེངས་མཛད། དེ་རྗེས་སུ་རབ་བྱུང་བཅུ་དྲུག་པ་ཁྲོ་བོ་ཤིང་གླང་ལོའི་ཟླ་བ་གསུམ་པའི་ཚེས་བཅུ་གཅིག་ཉིན་(སྤྱི་ལོ་༡༩༢༥ལོའི་ཟླ་༤པའི་ཚེས་༢༠ཉིན་)ནས་མགོ་བརྩམས་ཏེ། གསེར་སྡོང་ཆེན་མོ་ལ་གསེར་སྲང་ལྔ་བཅུ་ལྷག་དང་དངུལ་སྲང་སུམ་ཁྲི་དྲུག་སྟོང་བཞི་བརྒྱ་བཅས་དངུལ་དཀར་ལྷད་མེད་ཀྱི་གཞིར་གསེར་ཆོས་ཀྱི་ཚིགས་རྒྱན་དང་རིན་པོ་ཆེ་སྣ་ཚོགས་ཀྱི་ཕྲ་རྒྱན་དུ་མ་མཛེས་པར་སྤྲས་ཏེ། གསར་གསོས་ཀྱི་རིམ་པ་ལ་སྐྱབས་རྗེ་ཨ་ཀྱཱ་རིན་པོ་ཆེ་བློ་བཟང་ཐུབ་བསྟན་འཇིགས་མེད་རྒྱ་མཚོ་དང་། ཟེ་ན་མཆོག་སྤྲུལ་རིན་པོ་ཆེ་བློ་བཟང་བསྟན་པའི་རྒྱལ་མཚན་རྣམ་གཉིས་ཀྱིས་ཐོག་མཐའ་བར་གསུམ་དུ་ཞལ་བཀོད་འགོ་འཛིན་ཐུགས་ཁུར་ལྷུར་བཞེས་ཀྱིས་གསར་བསྐྲུན་ལེགས་པར་མཛད། དེ་ནས་ཟད་པ་མེ་སྟག་ལོའི་ཟླ་བ་བཅུ་གཉིས་པའི་ཚེས་བརྒྱད་གཟའ་སྐར་སྦྱོར་བ་ཕུན་སུམ་ཚོགས་པའི་ཉིན་སྤྱི་དྲོ་བདུད་རྩི་ཐུན་མཚམས་ཀྱི་དུས་སུ་དགེ་འདུན་མང་ནས་སེར་འཕྲེང་རོལ་མོ་རྒྱས་པ་དང་བཅས། ཨ་ཀྱཱ་སྐར་བ་ནས་མཆོད་རྟེན་ཆེན་མོའི་ཉེ་ཟླ་གདན་དྲངས་ཏེ་གསེར་

སྟོང་ཆེན་མོར་བཞུགས་སུ་གསོལ་ནས་རོལ་མོའི་སྒྲ་དང་། ཤིས་བརྗོད་སོགས་བཀྲ་ཤིས་པའི་དགའ་སྟོན་ཆད་དུ་བྱུང་བ་བྱས་ལགས། ཆོས་བཅུ་གཅིག་ནས་བཅུ་གསུམ་བར་སྐྱབས་རྗེ་ཡོངས་འཛིན་རིན་པོ་ཆེ་ནས་དབུ་མཛད། ཟི་ན་མཆོག་སྤྲུལ་རིན་པོ་ཆེ་དང་ཕྲན་བཅས་གསང་སྔགས་རྒྱུད་པ་གྲྭ་ཚང་དང་ལྷན་དུ་འཇིགས་མཛད་ལྷ་བཅུ་གསུམ་གྱི་སྒོ་ནས་སྤྱན་དབྱེ་ཆོ་ག་རྒྱས་པར་མཛད་དེ་ཡེ་ཤེས་ཀྱི་བྱིན་ཆེན་དངོས་སུ་ཕབ་པའི་བཀའ་དྲིན་བསྐྱངས་པ་ལགས།

རྗེ་བདག་ཉིད་ཆེན་པོའི་གདན་ས་ཁྱད་པར་ཅན་འདིར། ཐོག་མར་དགེ་འདུན་གྱི་སྡེ་བཙུགས་པའི་ལོ་རྒྱུས་བརྗོད་པ་ལ། དེ་ཡང་ཐོག་མར་སློབ་རིན་ཆེན་བརྩོན་འགྲུས་རྒྱལ་མཚན་དཔལ་བཟང་པོས། སྒྲོང་བ་བསམ་གཏན་ལ་གཞོལ་བའི་དགེ་འདུན་བདུན་ཕྲག་གཅིག་བཞུགས་པའི་སྒྲུབ་སྡེ་ཞིག་བཏབ། དེ་ནས་རིམ་གྱིས་བཅུ་ཕྲག་ལྔར་འཕེལ་བ་བྱུང་། སྒྲུབ་སྡེ་ཆགས་པའི་གནས་ལ་ད་ལྟ་དགོན་པ་ལུང་བར་འབོད་པ་དེ་ཡིན། ཏཱའི་མིང་རྒྱལ་རབས་བཅུ་བཞི་པ་ཝན་ལི་ཁྲིར་བཞུགས་གནམ་ལོ་ལྔ་པ་རབ་བྱུང་བཅུ་པའི་མེ་གླང་སྟེ་སྤྱི་ལོ་༡༥༧༧ལོར་སློབ་ཆེན་པ་དེ་ཉིད་ཀྱིས་ཐུགས་བཀོད་གནང་སྟེ། བྱམས་པ་དགུང་ལོ་བཅུ་གཉིས་པའི་ཚད་ཅན་གྱི་སྐུ་དེའི་གཟུངས་གཞུག་ཏུ་ཡབ་ཀླུ་འབུམ་

དགེའི་དབུ་ཐོད་ལ་འཛམ་དབྱངས་ཀྱི་སྐུ་འབུར་དོད་དུ་ཡོད་པ། ཇོ་བོ་རྗེའི་གདུང་རུས། ཤཱ་རིའི་བུའི་དབུ་སྐྲ། འཕེལ་གདུང་སོགས་ཡོད་པ་གསར་བསྐྲུན་མཛད་དེ། རབ་གནས་ཀྱི་ཆོ་ག་རྒྱས་པ་གནང་། དེ་ནས་བཟུང་སྟེ་དུས་འབྲེལ་གསོ་སྦྱོང་དང་དབྱར་གནས་དགག་དབྱེ། སྐབས་ཀྱི་དུས་ཚོགས་གང་ཡོད་རྣམས་ཀྱང་བྱམས་ཁང་འདིའི་ནང་འཚོགས་པ་ཡིན་ནོ། །དེ་ནས་བཟུང་ད་བར་ལོ་བཞི་བརྒྱ་དང་ལྔ་ཙམ་སོང་ཡོད། ཕན་ལི་གནམ་ལོ་བཅུ་གཅིག་པ་ཆུ་ལུག་ལོར་(སྤྱི་ལོ་༡༥༨༣ལོ་ཞེས་རྩོམ་སྒྲིག་པས་)ཞིང་སྐྱོང་ནང་སོས་གདན་དྲངས་པ་བཞིན། ༧རྒྱལ་དབང་བསོད་ནམས་རྒྱ་མཚོ་སྐུ་འབུམ་བྱམས་པ་གླིང་དུ་ཞབས་ཀྱི་པད་མོ་རྣམ་པར་བཀོད། རྗེ་ཉིད་ཀྱི་བཀའ་བཞིན་གཟིམས་ཁང་ཆུང་བ་ལྷས་སྐོར་གཅིག་གསར་བསྐྲུན་བྱས་པའི་ནང་དུ་སྐུ་མཚམས་ལ་བཞུགས། གཟིམས་ཁང་དེ་ལ་དེང་སང་གཟིམས་ཁང་གོང་མ་ཞེས་གྲགས་པ་དེ་ཡིན། དེ་ནས་༧རྒྱལ་དབང་ཐམས་ཅད་མཁྱེན་པས་སྒོམ་ཆེན་རིན་ཆེན་བརྩོན་འགྲུས་རྒྱལ་མཚན་དང་། ཚོ་བ་ལྔའི་ནང་སོས་གཙོས་པའི་སྦྱིན་བདག་རྣམས་

ལ་བཀའ་ཕབ་པ་ལྟར། གནས་འདིར་དགོན་སྡེ་ཆེན་པོ་ཞིག་འཛུགས་རྒྱུ་བྱས། དེ་ནས་རིམ་གྱིས་ཟླ་བ་དང་པོའི་ནང་དུ་ཚོ་འཕྲུལ་སྨོན་ལམ་ཡང་བཙུགས། ཏའི་མིང་རྒྱལ་རབས་བཅོ་ལྔ་པ་ཐེའན་ཆི་གནམ་ལོ་ཉེར་དྲུག་པ(ཐེའན་ཆི་གནམ་ལོ་དྲུག་པ་སྟེ་སྤྱི་ལོ་༡༦༢༨ལོ་ཞེས་རྩོམ་སྒྲིག་པས)། ཁྲི་རབས་དང་པོ་རྩ་བའི་བླ་མ་འོད་ཟེར་རྒྱ་མཚོའི་སྐབས། སྦྱིན་བདག་ཆེན་མོ་ཧོར་ཧྲ་དཔོན་པོས་བདག་རྐྱེན་མཛད་དེ་རྒྱ་འབུབས་ལུགས་ཀྱི་འདུ་ཁང་གསར་བཞེངས་གནང་བ་ནི་འདུ་ཁང་ཆེན་མོའི་གནས་གཞི་བཏིང་བའི་ཐོག་མ་ཡིན། ཏའི་མིང་རྒྱལ་རབས་ཐ་མ་ཁྲུན་ཏེང་གནམ་ལོ་བཅུ་གཉིས་པ་ས་ཡོས་ལོར(སྤྱི་ལོ་༡༦༣༩ལོ་ཞེས་རྩོམ་སྒྲིག་པས)། རྒྱ་ཡག་དཀའ་བཅུ་དགེ་འདུན་རྒྱལ་མཚན་དང་། ཟེ་ན་བླ་མ་ཁུ་དཔོན་གྱིས་སྦྱིན་བདག་བྱས་ཏེ། འདུ་ཁང་རྙིང་པ་དབུས་ཕྱུག་ལྟར་ཀ་བ་སུམ་ཅུ་རྩ་དྲུག་ཡོད་པ་གསར་བཞེངས་བྱས། དེའི་སྐབས་ཁྲི་ཐོག་དྲུག་པ་རྒྱལ་བ་ཚོས་རྗེ་བཀྲ་ཤིས་དོན་གྲུབ་དཔལ་བཟང་པོ་ཡིན། ཏ་ཆིང་རྒྱལ་རབས་ཀྱི་གོང་མ་ཁང་ཞིས་ཏེ་བདེ་སྐྱིད་རྒྱལ་པའི་གནམ་ལོ་ཉེར་བརྒྱད་

པ་རབ་བྱུང་བཅུ་གཉིས་པའི་ས་སྦྲུལ་སྤྱི་ལོ་༡༦༨༩ལོར། ཁྲི་ཆེན་བཅུ་དྲུག་པ་ཨ་ཀྱཱ་ཤེས་རབ་བཟང་པོའི་ཐུགས་བཀོད་ལྟར། དཔྱལ་སྤང་ལྷ་སྟོང་གི་རྒྱུ་སོང་གིས་ཚོགས་ཆེན་འདུ་ཁང་གི་ཀ་བ་བརྒྱད་ཅུར་རྒྱ་བསྐྱེད་དེ་དབུས་ཕྱུག་ལྟར་སྟེང་ཤོད་ཁྲམས་ར་འདུ་ཁང་དང་བཅས་པ་གསར་བཞེངས་མཛད། དེ་རྗེས་སུ་གོང་མ་ཁང་ཞིས་གནམ་ལོ་རེ་གཅིག་པ་དགེ་མཛེད་ཆུ་སྟག་སྤྱི་ལོ་༡༧༢༢ལོར་༧རྒྱལ་དབང་སྐལ་བཟང་རྒྱ་མཚོའི་ཐུགས་བཀོད་ལྟར་སོ་ཤོག་ཐུ་ཏྲའི་ཆིང་གིས་གཙོ་མཛད་པའི་ཞིང་སྐྱོང་དང་མི་ཉག་ནང་སོ་རྣམས་ནས་ཁྱུར་ལེན་གྱིས་འདུ་ཁང་ཆེན་མོ་གསར་བཞེངས་མཛད། ཁྲི་ཆེན་ཉི་ཤུ་པ་རྒྱལ་མཁན་པོ་ཨ་ཅི་ཐུ་ནོ་མོན་ཧན་བློ་བཟང་དོན་གྲུབ་ཀྱི་སྐབས་སུ། ཨེར་ཧྲི་ནི་ཨེར་ཁེས་གསེར་ཟངས་ཀྱི་གཉྫི་ར་ཤིན་ཏུ་ཆེ་བ་བཟོ་བཀོད་ཁྱད་མཚར་ཅན་བསྒྲུབས་པ་ཕུལ། དེ་ནས་ཏཱ་ཆིང་རྒྱལ་རབས་བཞི་པ་གོང་མ་ཆན་ལུང་སྐབས། ལྕང་སྐྱ་རྒྱལ་པོའི་གནམ་ལོ་ཞེ་གཅིག་པ་གདོང་དན་མེ་སྤྲེལ་སྤྱི་ལོ་༡༧༧༦ལོར་སྐབས་རྗེ་བློ་བཟང་བསྟན་པའི་རྒྱལ་མཚན་དང་། ཐུའུ་བཀྭན་ཆོས་ཀྱི་ཉི་མ། ལ་སར་ཏཱ་བླ་

མ་བློ་བཟང་ཆོས་དར་རྣམས་ཀྱིས་མཐུན་རྐྱེན་སྦྱར་ཏེ། ཚོགས་ཆེན་འདུ་ཁང་
རྒྱ་བསྐྱེད་དེ་ཀ་བ་བརྒྱ་དང་ང་བཞིའི་ཁྱོན་ཅན་སྒོ་འཕྱོར་དང་བཅས་པ་ཞིག་
གསོས་བླ་ན་མེད་པ་མཛད། འདི་རྣམས་ཁྲི་ཆེན་སོ་གཅིག་པ་མགོན་ཀླུ་གྲགས་
པ་རྒྱལ་མཚན་གྱི་སྐབས་ཡིན། དབང་ཕྱུག་མེ་སྦྲུལ་ལོར་(སྤྱི་ལོ་༡༦༡༧ལོ་ཞེས་
རྩོམ་སྒྲིག་པས་)ཁྲི་ཆེན་ཞེ་ལྔ་པ་ཆེ་ཤོས་ངག་དབང་བསྟན་པའི་ཉི་མའི་སྐབས་
སྦྱར་ཡང་འདུ་ཁང་ཆེན་མོ་གསར་བཞེངས་བྱས། དེ་རྗེས་སུ་རབ་བྱུང་བཅོ་ལྔ་
པའི་ཆུ་བྱི་ལོའི་(སྤྱི་ལོ་༡༨༡༢ལོ་ཞེས་རྩོམ་སྒྲིག་པས་)ཟླ་༡༡པའི་ཚེས་༡༢ཉིན་
གློ་བུར་དུ་འདུ་ཁང་མེ་དགྲས་བཞེས། དེ་ནས་མ་འགྱངས་པར་སྐྱབས་མགོན་
གསེར་ཏོག་རྡོ་རྗེ་འཆང་ཚུལ་ཁྲིམས་རྒྱ་མཚོ་དཔལ་བཟང་པོས་ཐུགས་ཁུར་བླ་
ན་མེད་པའི་བཀའ་དྲིན་བསྐྱངས་ཏེ། ལོ་ངོ་ཕྱེད་དང་གསུམ་གྱི་རིང་ལ་ད་ལྟའི་
འདུ་ཁང་ཆེན་མོ་འདི་གསར་བཞེངས་བྱས་ནས་ཤིང་ཡོས་ལོའི་རྒྱ་སྟོད་ཟླ་བའི་
དཀར་ཕྱོགས་གཉིས་པ་ལ་རབ་གནས་རྒྱས་པར་མཛད། དེ་སྐབས་སྤྱི་ལོ་
༡༨༡༥ཡིན། ད་བར་ལོ་དྲུག་ཅུ་རེ་བདུན་ཙམ་སོང་། འདུ་ཁང་གི་ས་ཁྱོན་གྱུ་

བཞི་མ་སྤྱི་ཁྲི་༢༠༥༠ཡོད། ཁྲམས་ར་དང་བཅས་པ་ཡོངས་རྫོགས་བརྩིས་ན་ས་ཁྱོན་གྲུ་བཞི་མ་སྤྱི་ཁྲི་༢༧༥༠ཡོད། མཐའ་སྐོར་དུ་རིང་ཐུང་སྤྱི་ཁྲི་༢༡༠ཡོད། འདུ་ཁང་སྟེང་དུ་རྒྱལ་མཚན་ཆེ་ཆུང་བརྒྱད་དང་། གཉིར་ཆེ་ཆུང་དྲུག །རི་དྭགས་པོ་མོ་ཆེ་ཆུང་ཆ་གསུམ་བཅས་ཡོད། འདུ་ཁང་ནང་དུ་ཀ་རིང་བཅོ་བརྒྱད་དང་། ཀ་ཐུང་གོ་གཉིས་བཅས་ཡོད། ཀ་རིང་གི་སྒྲོམ་ཚད་ལ་སྤྱི་ཁྲི་༢.༩དང་། ཀ་རིང་གི་མཐོ་ཚད་ལ་སྤྱི་ཁྲི་༧.༡༠བཅས་ཡོད་ལགས།

མཚན་ཉིད་གྲྭ་ཚང་དཔལ་ལྡན་བཤད་སྒྲུབ་གླིང་གི་ལོ་རྒྱུས་ནི། ཆུ་ཡོས་ལོར་(སྤྱི་ལོ་༡༦༠༣ལོ་ཞེས་རྩོམ་སྒྲིག་པས་)༧རྒྱལ་དབང་བཞི་པ་ཡོན་ཏན་རྒྱ་མཚོ་སོག་ཡུལ་ནས་དབུས་གཙང་དུ་བྱོན་སྐབས་སྔར་གྱི་དགོན་པ་ཉམས་དམས་སུ་སོང་བ་རྣམས་སླར་གསོ་མཛད་པར་དགོངས་ནས་འདུལ་བ་ཆོས་རྗེ་ཕྱི་མ་འོད་ཟེར་རྒྱ་མཚོ་གནས་འདིའི་གདན་སར་བསྐོ་བཞག་མཛད་ཅིང་། འགྲིག་ལམ་ཀུན་སྤྱོད་རྣམ་དག་ལྡན་པའི་འཆད་ཉན་གྱི་གྲྭ་ཚང་ཞིག་འཛུགས་དགོས་པའི་བཀའ་ནན་སྐུལ་བར་བརྟེན། ལྷ་ཁང་གི་ཉེ་སྐོར་གྱི་གྲོང་པ་རྣམས་

ཕྱིར་བཏོན་ཏེ་གཙང་དགོན་དུ་བྱུས། དྷའི་མིང་རྒྱལ་རབས་ཐེའན་ཆི་གནམ་ལོ་བདུན་པ་རབ་བྱུང་བཅུ་པའི་ཆུ་བྱི་ལོའི་(རབ་བྱུང་བཅུ་གཅིག་པའི་མེ་ཕོས་ཏེ་སྤྱི་ལོ་༡༨༢༧ལོ་ཞེས་རྩོམ་སྒྲིག་པས་)ཧོར་ཟླ་དང་པོའི་ཆོ་འཕྲུལ་སྨོན་ལམ་ཆེན་མོའི་ཆོས་བཅུ་གཅིག་གི་ཉིན་གདན་སའི་མཁན་རིན་པོ་ཆེ་ཁྲི་རབས་དང་པོ་རྣ་བའི་བླ་མ་འོད་ཟེར་རྒྱ་མཚོ་སེང་ཁྲི་ཆེན་མོའི་སྟེང་དུ་ཐོག་མར་བཞུགས་ནས་དཔལ་ལྡན་བཤད་སྒྲུབ་གླིང་ཞེས་གྲགས་པའི་མཚན་ཉིད་ཀྱི་གྲྭ་ཚང་གསར་དུ་བཙུགས། ཟླ་བ་དང་པོའི་ཆོས་ཉེར་ལྔ་ནས་དཔྱིད་ཆོས་དང་པོ་བཙུགས་ཏེ་ཐོག་མར་ཆོས་ཐོག་དང་། ཚད་མའི་འཛིན་གྲྭ་ལྔ་དང་ཕར་ཕྱིན་འཛིན་གྲྭ་ལ་གཞུང་གསར་པ་དང་གཞུང་རྙིང་པ་གཉིས་ཏེ་བདུན་དུ་ཕྱེ་ནས་རྩོད་གྲྭ་དང་། རྩོད་ཡིག་སོགས་གསར་དུ་མཛད། ཁྲི་ཆེན་ལྔ་པ་རྒྱ་བཟང་རིན་པོ་ཆེ་རྣམ་རྒྱལ་དཔལ་འབྱོར་གྱི་སྐབས་གཞུང་རྙིང་པ་ལ་སྒོ་མང་སྐབས་དང་པོ་དང་། རྗེ་བཙུན་སྐབས་དང་པོའི་འཛིན་གྲྭ་གཉིས་སུ་ཕྱེ་བར་མཛད། དེ་ནས་ཁྲི་ཆེན་དྲུག་པ་རྒྱལ་བ་ཆོས་རྗེ་བཀྲ་ཤིས་དོན་འགྲུབ་ཀྱི་སྐབས་སུ་མཛོད་

དང་འདུལ་བའི་འཛིན་གྲྭ་གཉིས་གསར་འཛུགས་མཛད་དེ་བསྐྱེ་བཞག་ཀྱང་གནང་། དེ་ནས་རིམ་གྱིས་སྐབས་བཞི་པ་དང་དགུ་མའི་འཛིན་གྲྭ་བཅས་འཛིན་གྲྭ་ཡོངས་རྫོགས་བཙུགས་པར་མཛད། དེ་ནས་བརྒྱུད་རིམ་གྱིས་ཆོས་སྡེ་ཆེན་པོ་སྐུ་འབུམ་བྱམས་པ་གླིང་འདིར་རྒྱལ་བའི་ལུང་རྟོགས་བསྟན་པའི་རྒྱལ་མཚན་བཞད་སྒྲུབ་འཆད་ཉན་རྣམ་དག་གིས་སྐྱོང་བར་མཛད་པའི་མགོ་ཚུགས་པ་ཡིན་ནོ། །

ད་ལྟའི་འཛམ་དབྱངས་ཀུན་གཟིགས་ཀྱི་ལྷ་ཁང་ཡོད་པའི་ས་དེར། ཧྭའི་མིང་རྒྱལ་རབས་བཅོ་ལྔ་པ་ཐེའན་ཆི་ཁྲིར་བཞུགས་གནམ་ལོ་དྲུག་པ་ཀྱུ་འབྲུག་སྤྱི་ལོ་༡༥༨༣ལོར(ཟླ་ཟླ་སྟེ་སྤྱི་ལོ་༡༦༢༦ལོ་ཞེས་རྩོམ་སྒྲིག་པས)། ཚོ་བ་ལྔའི་ནང་སོ་དང་རོང་འགྲོག་མང་པོས་སྦྱིན་བདག་བྱས་ཏེ། དུས་གསུམ་སངས་རྒྱས་ཀྱི་ལྷ་ཁང་ཞིག་བཞེངས་པར་མཛད་དེ་རབ་གནས་ཀྱང་རྒྱས་པ་གནང་། དེ་ནས་བརྒྱུད་གསོ་སྐྱོང་སོགས་དུས་ཚོགས་གང་ཡོད་ལྷ་ཁང་དེར་འཚོགས། ཆིང་རྒྱལ་རབས་གསུམ་པ་གོང་མ་ཡུང་ཀྲེང་རྒྱལ་པོའི་གནམ་ལོ་

བཅུ་གཉིས་པ། ཤིང་སྟག་ལོ་(སྤྱི་ལོ་༡༧༣༩ལོ་ཞེས་རྩོམ་སྒྲིག་པས་)ནས་བཟུང་། ཁྲི་རབས་ཉེར་བཞི་པ་མཚན་སྒྲོགས་དགེ་འདུན་དོན་གྲུབ་དཔལ་བཟང་པོར་རྒྱལ་དབང་བདུན་པ་ཆེན་པོས་བཀའ་གནང་བ་ལྟར། ཆོས་གྲྭའི་འཆད་ཉན་འཕེལ་བའི་ཆེད་དུ་སྔོན་གྱི་དུས་གསུམ་སངས་རྒྱས་ཀྱི་ལྷ་ཁང་གཞི་ནས་གསར་བཞེངས་དང་། འཇམ་དབྱངས་ཀུན་གཟིགས་ཀྱི་ལྷ་ཁང་ཆེན་མོ་འདི་བཞེངས་པར་མཛད། དེའི་ས་ཁྱོན་གྲུ་བཞི་མ་སྤྱི་ཁྲི་༦༥༦དང་། ལྷ་ཁང་ཐོག་གསེར་ཏོག་ཆེ་ཆུང་གསུམ་ཡོད།

ཐམས་ཅད་མཁྱེན་པའི་ལྷ་ཁང་གི་ལོ་རྒྱུས་ནི། ཧྭའི་མིང་རྒྱལ་རབས་བཅོ་ལྔ་པ་ཐེའན་ཆི་ཁྲིར་བཞུགས་གནམ་ལོ་གཉིས་པ་ས་བྱི་སྤྱི་ལོ་༡༦༢༢ལོར་(ཆུ་ཁྲེ་སྟེ་སྤྱི་ལོ་༡༨༣༣ལོ་ཞེས་རྩོམ་སྒྲིག་པས་)རྒྱལ་དབང་རིན་པོ་ཆེའི་བཀའ་བཞིན། དབེན་ཚུལ་མཆོད་རྟེན་ཆེན་མོ་བྱང་ཆུབ་མཆོད་རྟེན་གྱི་རྣམ་པར་བསྒྱུར་ཏེ། རྟེན་དང་བརྟེན་པ་བཅས་པ་ལེགས་པར་བཞེངས་ཏེ་རབ་གནས་མཛད། དེའི་གནམ་ལོ་བཞི་པ་ལྕགས་སྟག་སྤྱི་ལོ་༡༦༥༠ལོར་(ཤིང་བྱི་

སྟེ་སྤྱི་ལོ་༡༦༢༩ལོ་ཞེས་རྩོམ་སྒྲིག་པས་)༧རྒྱལ་དབང་བསོད་ནམས་རྒྱ་མཚོའི་གདུང་རུས་ཡིག་འབྲུ་རང་བྱོན་ཅན་རིང་བསྲེལ་དུ་མ་དང་བཅས་པ། ཏྭ་ཆིང་ཧྥུང་ཐའི་ཛིའི་རྗེན་སྐལ་དུ་སྐྱོལ་བ་སྙིང་པོར་བྱས་པའི་བྱང་ཆུབ་མཆོད་རྟེན་ལྷ་ཁང་དང་བཅས་པ་གསར་བསྐྲུན་བྱས་ཏེ་རབ་གནས་རྒྱས་པར་མཛད། དེ་རྗེས་ཏྭ་ཆིང་རྒྱལ་རབས་གཉིས་པ་གོང་མ་ཁང་ཞིས་གནམ་ལོ་ང་གཅིག་པ་ཆུ་འབྲུག་སྤྱི་ལོ་༡༧༡༢ལོར་༧རྒྱལ་དབང་བསོད་ནམས་རྒྱ་མཚོའི་སྐུ་གདུང་དངུལ་གདུང་དུ་བསྒྱུར་ཏེ་དབྱེན་ཀླུམ་མཆོད་རྟེན་གྱི་དབྱིབས་སུ་བསྐྲུན། རྒྱ་སྦུབས་གཡུ་ཐོག་ཅན་གྱི་ལྷ་ཁང་སྟེང་ཤོད་ཉིས་ཐོག་ཅན་གསར་བཞེངས་མཛད། སྐབས་དེར་ཁྲི་རབས་བཅོ་བརྒྱད་པ་ཆུ་བཟང་བློ་བཟང་བསྟན་པའི་རྒྱལ་མཚན་ཡིན། ཏྭ་ཆིང་རྒྱལ་རབས་བཞི་པ་ཆན་ལུང་གནམ་ལོ་ཉེར་གསུམ་པ་ས་སྟག་ལོར་(སྤྱི་ལོ་༡༧༥༨ལོ་ཞེས་རྩོམ་སྒྲིག་པས་)སྔོན་ཆད་དུས་འཁྲུག་སྐབས། རྒྱལ་བའི་སྐུ་གདུང་ཆེན་མོར་སྐྱོན་ཞུགས་པ་དེ། དངུལ་སྲང་སྟོང་ཕྲག་བཞི་ལྷག་གི་འགྲོ་སོང་བཏང་ནས་དབྱེན་ཀླུམ་མཆོད་རྟེན་སྔར་བཞིན་དངུལ་

གདུང་དུ་ཞིགས་པར་བཞེངས། དེ་རྗེས་སུ་ཏཱ་ཆིང་རྒྱལ་རབས་ལྔ་པ་ཀྱཱ་ཆིན་གནམ་ལོ་ཉེར་གསུམ་པ་ས་སྟག་ལོར་(སྤྱི་ལོ་༡༨༡༨ལོ་ཞེས་རྩོམ་སྒྲིག་པས་)ཐམས་ཅད་མཁྱེན་པའི་ལྷ་ཁང་ལ་མེ་དགྲ་ཤོར། དེ་ནས་སླར་ཡང་ཀྱཱ་ཆིན་གནམ་ལོ་ཉེར་བཞི་པ་ས་ཡོས་ལོར(སྤྱི་ལོ་༡༨༡༩ལོ་ཞེས་རྩོམ་སྒྲིག་པས)། ཐམས་ཅད་མཁྱེན་པའི་ལྷ་ཁང་སྔར་བཞིན་བཞེངས་ནས། བསོད་ནམས་རྒྱ་མཚོའི་པུར་ཚྭ་ན་བཟའ་སོགས་སྙིང་པོར་བཞུགས་པའི་བྱང་ཆུབ་མཆོད་རྟེན་ཆེན་མོ་ད་ལྟ་རང་ཅག་རྣམས་ཀྱིས་མཇལ་རྒྱུ་ཡོད་པ་དེ་ཡིན། སྐབས་དེར་ཁྲི་ཐོག་ཞེ་དྲུག་པ་སྟག་མཚེར་བློ་བཟང་མཁས་གྲུབ་ཉི་མ་དཔལ་བཟང་པོ་ཡིན།

ཇོ་ཁང་ནི། ཏཱའི་མིང་རྒྱལ་རབས་བཅོ་ལྔ་པ་ཐེའན་ཆི་གནམ་ལོ་བཅོ་བརྒྱད་པ་ཁྲོ་མོ་ཤིང་འབྲུག་སྤྱི་ལོ་༡༦༠༩ལོར་(ཐེའན་ཆི་གནམ་ལོ་བདུན་པ་མེ་ཡོས་ཏེ་སྤྱི་ལོ་༡༦༢༧ལོ་ཞེས་རྩོམ་སྒྲིག་པས་)རྩ་བའི་བླ་མ་འོད་ཟེར་རྒྱ་མཚོས་ཐུགས་ཁུར་བཞེས་ནས་རྟེན་དང་བརྟེན་པ་ལྷ་ཁང་དང་བཅས་བཞེངས་པ་ཡིན། འདི་ལ་ས་ཁྲོན་གྲུ་བཞི་མ་སྤྱི་ཁྲི་༡༩༣དང་། མཐོ་ཚད་ལ་སྤྱི་ཁྲི་

༡༣བཅས་ཡོད།

དེའི་མདུན་གྱི་མགོན་ཁང་ནི། ཧྲའི་མིང་རྒྱལ་རབས་བཅོ་ལྔ་པ་ཐེའན་ཆི་ཁྲིར་བཞུགས་གནམ་ལོ་བརྒྱད་པ་རབ་ཕྱོགས་རྒྱལ་བ་ཤིང་ཧྲ་སྤྱི་ལོ་༡༥༨༩ལོར་(རྣམ་འབྱུང་ས་འབྲུག་སྟེ་སྤྱི་ལོ་༡༦༢༢ལོ་ཞེས་རྩོམ་སྒྲིག་པས་)ཐེ་ན་བླ་མ་དཔལ་འཁོར་རྒྱལ་མཚན་དང་། དཔལ་འཁོར་རིན་ཆེན་ཁྱུ་དབོན་གཉིས་ཀྱིས་མཐུན་རྐྱེན་སྦྱར་ཏེ་རྡོ་རྗེ་འཇིགས་བྱེད་དང་། ཡི་དམ་ཆོས་སྐྱོང་དུ་མ་བཞུགས་པའི་མགོན་ཁང་གསར་བཞེངས་བྱས་ཏེ་རབ་གནས་རྒྱས་པར་མཛད། ལྷ་ཁང་འདིའི་ས་ཁྱོན་གྲུ་བཞི་མ་སྤྱི་ཁྲི་༡༩༠ཡོད་ལགས།

བཙན་ཁང་ཆེན་མོ་ནི། ཁྲི་ཆེན་བཅུ་བདུན་པ་སྟག་འཚེར་བློ་བཟང་རྡོ་རྗེའི་སྐབས། ཧྲ་ཆིང་རྒྱལ་རབས་གཉིས་པ་གོང་མ་ཁང་ཞིས་གནམ་ལོ་སོ་གཅིག་པ་ཆུ་སྤྲེལ་སྤྱི་ལོ་༡༦༨༢ལོར་བཙན་ཁང་ཆེན་མོ་ཁྲམས་ར་དང་བཅས་གསར་བསྐྲུན་མཛད། སྔོན་ཆད་བླ་རེ་བཞིན་ལྷ་ཆོས་ཉིན་གྱི་སྤུ་རྡོར་སྐུ་རྟེན་འདིར་འོངས་ནས་བྱམས་ཁང་ནང་དུ་སྤྱན་འདྲེན་ཞུས་རྗེས་རང་ཡུལ་དུ་ལོག་

འགྲོ་བ་ཡིན་ལགས། དེ་ནས་བཟུང་ཆོས་སྐྱོང་ཆེན་མོ་ཡང་། དམ་ཅིག་པའི་རྟེན་གཞིར་ད་ལྟ་བཙན་ཁང་དུ་སྤྱན་འདྲེན་ཞུ་བའི་སྲོལ་ཐོག་མར་བཏོད། དེ་རྗེས་སུ་གསེར་གྱི་རྒྱ་ཕིབས་ཀྱང་གསར་བསྐྲུན་བྱས། དེ་ནས་ཧྭ་ཅིན་རྒྱལ་རབས་དྲུག་པ་གོང་མ་ཧོཐུ་བཀོང་སྟེ་སྲིད་གསལ་རྒྱལ་པོའི་གནམ་ལོ་གཉིས་པ་ཆུ་རྟ་ལོར་(སྤྱི་ལོ་༡༦༣༣ལོ་ཞེས་རྩོམ་སྒྲིག་པས་)བཙན་ཁང་ཆེན་མོའི་ཕོ་བྲང་སླར་ཡང་ཞིག་གསོ་བྱས། དེ་ནས་གནམ་ལོ་དྲུག་པ་མེ་ཁྱི་ལོར་(སྤྱི་ལོ་༡༦༣༨ལོ་ཞེས་རྩོམ་སྒྲིག་པས་)བཙན་ཁང་ཆེན་མོའི་ཁྱམས་ར་བཞེངས། སྐབས་དེར་ཁྲི་རབས་ཞེ་བརྒྱད་པ་རྒྱ་ཡག་བློ་བཟང་བསྟན་པའི་ཉི་མ་དཔལ་བཟང་པོ་ཡིན། དེ་རྗེས་སུ་བཙན་ཁང་ཆེན་མོ་ཞིག་བཟོས་བྱས་ཡོད་མེད་གསལ་པོར་མ་ངེས་ལགས།བཙན་ཁང་གིས་ཁྱོན་གྲུ་བཞི་མ་སྤྱི་ཁྲི་༡༣༧དང་། མཐའ་སྐོར་དུ་སྤྱི་ཁྲི་༡༩༩ཡོད།

ཞབས་བརྟན་ལྷ་ཁང་ནི། ཁྲི་ཆེན་བཅུ་དགུ་པ་སྐྱོར་མོ་ལུང་པ་འཇམ་དབྱངས་རྒྱལ་མཚན་སྐབས། ཧྭ་ཅིན་རྒྱལ་རབས་གཉིས་པ་གོང་མ་ཁང་ཞིས་

གནམ་ལོ་ང་དྲུག་པ་གསེར་འཕྲུང་མེ་བྱ་སྤྱི་ལོ་༡༧༡༧ལོར་ལི་ཀྲུ་ཧྲུང་ཐ་བླ་མས་༧རྒྱལ་དབང་བདུན་པར་ཕྱེད་ཀྱི་ཞབས་བརྟན་དུ་ལྷ་ཁང་ཞིག་བཞེངས་རྒྱུའི་རྒྱུ་མཚན་ཞུས་པར། གནས་བརྟན་བཅུ་དྲུག་བཞེངས་ན་ལེགས་ཞེས་ཕབ་པ་བཞིན་ཞབས་བརྟན་ལྷ་ཁང་རྟེན་དང་བཅས་པ་གསར་བསྐྲུན་བྱས། འདི་ནི་༧རྒྱལ་དབང་བསྐལ་བཟང་རྒྱ་མཚོའི་ཞབས་བརྟན་ཁང་ཡིན། མདུན་དུ་རྗེ་རིན་པོ་ཆེ་དང་། རྒྱལ་དབང་བདུན་པའི་ཐུགས་བསྐྱེད། ཟི་ན་ངག་དབང་ཚུལ་ཁྲིམས་དར་རྒྱས་ཀྱི་ནུས་མཐུ་སུམ་འཛོམས་ལས། རབ་གནས་ཀྱི་སྦྱིན་སྲེག་གནང་བའི་ས་དེར་ཙན་དན་གྱི་སྡོང་པོ་འཁྲུངས་པར་ད་ལྟ་མཇལ་རྒྱུ་ཡོད། ཞབས་བརྟན་ལྷ་ཁང་གི་ས་ཁྱོན་གྲུ་བཞི་མ་སྤྱི་ཁྲི་༩༩༢ཡོད།

ཧྭ་ཅིང་རྒྱལ་རབས་གཉིས་པ་གོང་མ་ཁང་ཞིས་ཏེ་བདེ་སྐྱིད་རྒྱལ་པོའི་གནམ་ལོ་ཉེར་དྲུག་པ་རབ་བྱུང་བཅུ་གཉིས་པའི་ཐོག་མ་མེ་ཡོས་སྤྱི་ལོ་༡༨༤༧ལོར་ཁྲི་ཆེན་བཅུ་དྲུག་པ་ཨ་ཀྲུ་ཤེས་རབ་བཟང་པོ་ནས་ཐུགས་ཁུར་མཛད་དེ། ༧རྒྱལ་དབང་གསུམ་པ་བསོད་ནམས་རྒྱལ་མཚོ་བཞུགས་ཏེ་རབ་

གནས་གནང་བའི་ས་ཁྲིའི་སྙིང་དུ་ཁྲི་ཁང་དང་ནང་གི་ལྡེབས་བྲིས་བཅས་གཞི་ནས་གསར་བཞེངས་མཛད་ཡོད། ད་ལྟ་བཞུགས་ཁྲི་ངོ་མར་གྲགས་པ་དེ་ཡིན་ནོ། །འདི་ཆོས་གྲྭ་དང་སྔགས་ཀྱི་དམ་བཅའ་ཆེན་མོ་སོགས་འཚོགས་སའི་གནས་ཀྱང་ཡིན་ལུགས།

བཙན་ཁང་ཆེན་མོའི་མདུན་གྱི་དུས་འཁོར་མཆོད་རྟེན་ཆེ་བ་འདི་ནི། སྤྱི་ལོ་༡༨༩༢ལོར་སྐྱབས་རྗེ་དངུལ་ཆུ་རིན་པོ་ཆེ་ནས་ཐུགས་བཀོད་གནང་སྟེ་དགོན་གནས་འདིར་དུས་འཁོར་མཆོད་རྟེན་གསར་བཞེངས་མཛད་དེ་རབ་གནས་རྒྱས་པར་གནང་། མཆོད་རྟེན་འདིའི་མཐའ་སྐོར་ལ་སྤྱི་ཁྲི་༣༨དང་མཐོ་ཚད་ལ་སྤྱི་ཁྲི་༡༣ཡོད། དུས་ཀྱི་ཕོ་ཉ་ཞེས་པ་ས་ཏ་སྤྱི་ལོ་༡༨༧༤ལོར་སླར་ཡང་མཆོད་རྟེན་འདི་སྔར་བཞིན་ཞིག་གསོ་བྱས།

བླ་བྲང་རྩེ་བཀྲ་ཤིས་ཁང་གསར་ནི། ཏཱ་ཆིང་རྒྱལ་རབས་དང་པོ་འཛམ་དབྱངས་གོང་མ་རྟུན་ཧྲི་ཐབས་སྐྱོང་རྒྱལ་པོའི་གནམ་ལོ་བདུན་པ་ལྕགས་སྟག་སྤྱི་ལོ་༡༨༥༠ལོར་ཨུ་རད་ཀྱི་དཔོན་པོ་ཆེ་དབང་བསྟན་འཛིན་སྦྱིན་བདག་བྱས་

ནས་༧གོང་ས་སྐྱབས་མགོན་རྒྱལ་དབང་རྣམ་གཉིས་དང་། གདན་སའི་ཁྲི་བ་རིམ་བྱོན་རྣམས་བཞུགས་སའི་གཟིམ་ཆུང་ལྷས་སྐོར་དང་བཅས་པ་རྒྱ་ཕྱུག་ལྟར་གསར་བཞེངས་བྱས། དེ་ལ་བཀྲ་ཤིས་ཁང་གསར་ཞེས་མཚན་གསོལ། འདི་ནི་ཁྲི་ཆེན་བརྒྱད་པ་གདོང་ཁ་བ་ཆེ་ཤོས་དཔལ་ལྡན་རྒྱ་མཚོའི་སྐབས་ཡིན། ཧྲུན་ཀྲི་གནམ་ལོ་དགུ་པ་ཆུ་འབྲུག་སྤྱི་ལོ་༡༦༥༢ལོར་༧རྒྱལ་དབང་ལྔ་པ་ཆེན་མོ་ཐོག་མར་གཟིམ་ཆུང་འདིར་ཞབས་སོར་བཀོད། ཁང་ཞི་གནམ་ལོ་ཉེར་དྲུག་པ་རབ་བྱུང་བཅུ་གཉིས་པའི་ཐོག་མ་མེ་ཡོས་སྤྱི་ལོ་༡༦༨༧ལོར་ཁྲི་ཆེན་བཅུ་དྲུག་པ་ཨ་ཀྱཱ་ཤེས་རབ་བཟང་པོའི་ཐུགས་བཀོད་ལྟར། རྒྱལ་བའི་གཟིམ་ཆུང་བླ་བྲང་ཆེན་མོ་དེ་སྔར་ཡང་དབུས་ཕྱུག་ལྟར་ཀ་བཞི་མ་ལྷས་སྐོར་གསུམ་དང་བཅས་གསར་བཟོ་རྨད་དུ་བྱུང་བ་མཛད། ཀྲ་ཆིང་རྒྱལ་རབས་ལྔ་པ་གོང་མ་ཀྱཱ་ཆིན་རྒྱལ་པོའི་གནམ་ལོ་བཅུ་བཞི་པ་ས་སྦྲུལ་ལོར(སྤྱི་ལོ་༡༨༠༩ལོ་ཞེས་རྩོམ་སྒྲིག་པས)། བླ་བྲང་ཆེན་མོའི་ཀ་བཞི་མ་ལ་མེ་སྐྱོན་བྱུང་། སྐབས་དེར་ཁྲི་རབས་ཞེ་གཅིག་པ་ཟེ་ན་བསོད་ནམས་བསྟན་

འཛིན་དཔལ་བཟང་པོའི་སྐབས་ཡིན། གནམ་ལོ་བཅོ་བརྒྱད་པ་ཆུ་བྱ་ལོར་(སྤྱི་ལོ་༡༨༡༣ལོ་ཞེས་རྩོམ་སྒྲིག་པས་)ཁྲི་རབས་ཞེ་བཞི་པ་ཤིང་བཟའ་བློ་བཟང་དར་རྒྱས་རྒྱ་མཚོས་ཐུགས་ཁུར་བཞེས་ཏེ། བླ་བྲང་ཆེན་མོའི་ཀ་བཞི་མ་གསར་བསྐྲུན་དང་ནང་དུ་གནས་བརྟན་དྲུག་གཙོ་འཁོར་ཉེར་གསུམ་སོགས་རྟེན་བཞེངས་རྒྱ་ཆེན་མཛད། གཞན་ཡང་ལྷ་མོ་ཁང་དུ་སྐུ་བསྟན་སོགས་མང་དུ་བཞུགས་སོ། །

འཆམས་པ་གྲྭ་ཚང་ནི། ཁྲི་ཐོག་ཉི་ཤུ་པ་རྒྱལ་མཁན་པོ་ཨ་ཆི་ཐུ་ནོ་མོན་ཧན་བློ་བཟང་དོན་གྲུབ་མཆོག་དྲ་ཆིང་རྒྱལ་རབས་གཉིས་པ་ཁང་ཞིས་ཁྲི་ལོ་ང་བདུན་པ་ས་ཕྱི་སྤྱི་ལོ་༡༧༡༨ལོར་༧གོང་ས་སྐྱབས་མགོན་བདུན་པ་ཆེན་པོ་མཆོག་ནས་གསེར་གྱི་བཀས་སློབ་སྟོན་དུ་རྩེ་རྣམ་གྲྭའི་འཆམས་དཔོན་ལས། འཆམས་རོལ་སོགས་ཞིབ་ཁྲིད་དང་བཅས་གར་འཆམས་ཀྱི་སྒྲོལ་འཇུགས་དགོས་དང་། ཆོས་སྐྱོང་སོགས་ཞི་དྲག་གི་ཞལ་འབག་སོ་དགུ་དང་། འཆམས་གོས་མཆོད་རྫས་སོགས་ཀྱི་བདག་རྐྱེན་བླ་ན་མེད་པའི་བཀའ་དྲིན་སྐྱོང་གནང་

མཛད། དེ་ནས་རིམ་བཞིན་དུས་བཞིའི་སྨོན་ལམ་སྐབས་འཆམས་པ་གྲྭ་ཚང་ཟུར་དུ་བཙུགས། དེ་རྗེས་རྒྱལ་རབས་བཞི་པ་ཆན་ལུང་གནམ་ལོ་བཅུ་གསུམ་པ་རབ་བྱུང་བཅུ་གསུམ་པའི་ས་འབྲུག་སྤྱི་ལོ་༡༧༤༨ ལོར། ཁྲི་རབས་ཉེར་དྲུག་པ་གསེར་ཏོག་ངག་དབང་བསྟན་པའི་རྒྱལ་མཚན་གྱི་སྐབས། རྗེ་དྲུང་བློ་བཟང་དཔལ་ལྡན་རྒྱལ་མཚན་གྱིས་རྗེ་དྲུང་སྐར་བ་སྐུ་གསུང་ཐུགས་རྟེན་དང་བཅས་པ་འཆམས་པ་གྲྭ་ཚང་ལ་གནང་། དེ་ནས་བཟུང་ད་བར་དུ་འཆམས་རོལ་སོགས་གྲྭ་ཚང་འདིའི་ཕྱག་སྲོལ་བཟང་པོ་མ་ཉམས་གོང་འཕེལ་དུ་གནས་ཡོད་པ་ཡིན། དེ་ཡང་ཟླ་བ་དང་པོའི་ཚེས་བཅུ་བཞིའི་ཉིན་ཆོས་རྒྱལ་གྱི་འཆམས། བཞི་པའི་ཚེས་བཅུ་བཞིའི་ཉིན་ཆོས་རྒྱལ་དང་། ཚེས་བཅོ་ལྔའི་ཉིན་རྟ་མགྲིན། ཟླ་བ་དྲུག་པའི་ཚེས་བདུན་ཉིན་ཆོས་རྒྱལ། ཚེས་བརྒྱད་ཉིན་རྟ་མགྲིན་གྱི་འཆམས། དགུ་པའི་ཚེས་ཉེར་གསུམ་ཉིན་རྟ་མགྲིན་གྱི་འཆམས་བཅས་ཡོད།

འཆམས་ཀྱི་ལོ་རྒྱུས་བཤད་པ་ནི། རང་རེའི་སྟོན་པའི་རྗེས་འཇུག་པ་རྣམས་ཀྱིས་དམ་པའི་ཆོས་སྒྲུབ་པའི་འགལ་རྐྱེན་ཕྱི་ནང་གསང་གསུམ་གྱིས་ཕྱེ་

བའི་འཇིག་ལྟ་དང་། དཀྲ་བགེགས་ཀྱི་དཔུང་ཚོགས། བསྟན་པ་དང་བསྟན་འཛིན་ལ་གནོད་པར་བྱེད་པའི་ལོག་འདྲེན་རྣམས་དམིགས་མེད་དུ་བཟློག་པར་བྱེད་པའི་གར་འཆམས་ཀྱི་ཚུལ་འདི་ནི། བཀའ་གདམས་གླེགས་བམ་ལས། དཔའ་བོའི་གར། དཔའ་མོའི་གར། ཁྲོ་བོའི་གར། ཁྲོ་མོའི་གར། ཞི་བའི་གར། ནང་གི་གར། གསང་བའི་གར། དེ་ཁོ་ན་ཉིད་ཀྱི་གར། ཁྲོ་བོ་ལའང་ཁྲོ་བོ་འཇུམ་པའི་གར། ཁྲོ་བོ་ཤིན་ཏུ་ཁྲོས་པའི་གར། མདོར་ན་གར་རིགས་སུམ་བཅུ་དྲུག་ཙུ་ལས། ཞེས་གསུངས་པ་ལྟར། རང་ཅག་རི་བོ་དགེ་ལྡན་པ་རྣམས་ཀྱི་བླ་མ་ཡི་དམ་ཆོས་སྐྱོང་བཅས་རྗེ་བཙུན་འཇམ་དཔལ་དབྱངས་དང་ངོ་བོ་དབྱེར་མེད་པའི་གཤིན་རྗེ་གཤེད་ཀྱི་སྒོ་ནས་དྲག་པོའི་ལས་ལ་བརྟེན་པ་ན་ནང་གི་བདག་འཛིན་དང་། གདོན་བགེགས་ཚར་གཅོད་པ་ལ་ཆོས་རྒྱལ་དང་ཧྭ་མགྲིན་འཁོར་དང་བཅས་ཏེ་སྟ་ཕྱིར་ཁྲོ་བོའི་གཟུགས་ཅན་སྟོན་པའི་རྣམ་པ་སྟོན་པ་དེ་ཡིན། དེ་ཡང་དང་པོ་ཀེང་རུས་ཀྱི་རྣམ་པ་བཞིའི་གར་འཆམས་ནི། རྗེ་མི་ལ་རས་པའི་གསུང་ལས། རོ་ཞེས་འཇིགས་སུ་རུང་བ་དེ། །རྣམ་འགྱུར་

ལུས་ཀྱི་རྩ་ན་གདའ། །ཞེས་གསུངས་པ་ལྟར། རང་ཅག་རྣམས་ཀྱིས་འཆི་བ་མི་རྟག་པ་ཡིད་ལ་ལྷང་ངེར་དྲན་པའི་དོན་དུ། འཆམས་ཀྱི་རྣམ་པ་འདི་བསྟན་པ་ཡིན། ཨ་ཙ་ར་དང་བལ་པོའི་རྣམ་པ་བཞི་ནི། མཛོད་མཐོའི་ལུས་འདིར་རྣམ་པ་བདེ་བ་ལྟ་བུ་ཞིག་ཡོད་ཀྱང་མཐར་སྡུག་བསྔལ་ལས་མི་འདའ་བའི་གར་གྱི་རྣམ་པར་བསྒྱུར་བ་དང་། ཤྭ་གཡག་བཞིས་སེམས་ཅན་དེ་རྣམས་གནས་ཡུལ་ཐང་སྟོང་པར་གནས་པ་དང་། དེས་ཆོས་ཀུན་སྟོང་པའི་གཤིས་ལུགས་སུ་རྟོགས་པའི་གར་འཆམས་ཀྱི་རྣམ་པ་དང་། དུར་བདག་བཞིས་ཕུང་པོ་སོགས་བདག་ཏུ་མ་གྲུབ་པ་དང་ཁམས་གསུམ་འཁོར་བ་ན་གནས་པའི་སེམས་ཅན་རྣམས་རང་རྒྱུད་ཀྱི་སྡུག་བདེན་གྱི་ཉེས་དམིགས་བསམ་པ་དང་ཀུན་འབྱུང་འཁོར་བའི་འཇུག་རིམ་བསམ་པ་སོགས་ཀྱི་དམིགས་རྣམ་དང་འབྲེལ་བའི་གར་འཆམས་དང་། ཧྭ་ཤང་འཁོར་དང་བཅས་པ་ནི་ཡོན་བདག་གི་ཚུལ་དུ་ཕྱག་འཚལ་བ་ལ་སོགས་པའི་གར་འཆམས་ཀྱི་རྣམ་འགྱུར་སྟོན། དེ་ནས་ཆོས་རྒྱལ་དང་ཡང་ན་རྟ་མགྲིན་གཙོ་བྱས་མགོན་ཆོས་ལྷ་དང་། གནོད་སྦྱིན་བཞི་

སོགས་རང་རང་གི་གཟུགས་སུ་རོལ་ཏེ། རང་རྒྱུད་ཀྱི་བདག་འཛིན་ཐོག་གཞན་གྱི་བདག་འཛིན་བཀུག་བསྡིམས་ཀྱིས་དམིགས་མེད་དབྱིངས་སུ་ཟློག་སོགས་ཀྱི་རྣམ་འགྱུར་སྟོན་པའི་འཆམས་དང་། ཤ་ཟྲུག་གིས་ཉེས་ཚོགས་ལས་ཐར་བའི་མཐར་ཐུག་གི་འབྲས་སྐྱབས་འགྲུབ་ཅེས་སྟོན་པའི་གར་འཆམས་དང་མཇུག་སྡུད་མཛད་པ་དང་། བདེ་སྐྱིད་ཀྱི་དཔལ་ལ་རོལ་བའི་གར་འཆམས་ཀྱི་རྣམ་པ་སྟོན་པ་དེ་ཡིན་ནོ། །

དཔར་ཁང་རྡོ་མཚར་རིན་ཆེན་གླིང་ནི། ཏཱ་ཆིང་རྒྱལ་རབས་དྲུག་པ་གོང་མ་ཧོའུ་བཀོང་སྐྱེ། སྲིད་གསུམ་རྒྱལ་པོའི་གནམ་ལོ་གསུམ་པ་(གནམ་ལོ་བདུན་པ་ཞེས་རྩོམ་སྒྲིག་པས་)རབ་ཡིད་མེ་ཕག་སྤྱི་ལོ་༡༤༢༧ལོའི་ས་ག་ཟླ་བའི་ཆེས་བཅོ་ལྔ་ནས་མགོ་བཙུགས། དཔར་ཁང་རྡོ་མཚར་གླིང་དུ་སྐྱབས་རྗེ་གསེར་ཏོག་མཁན་ཆེན་དང་། སྟག་མཚེར་རིན་ཆེན་རྣམ་གཉིས་ནས་ཐུགས་འགན་ལེགས་པར་བཞེས་ཏེ་འབད་རྩོལ་དང་ལེན་རྣམ་པར་དག་པའི་སྒོ་ནས། རབ་འབྱམས་པ་ངག་དབང་ལེགས་གྲུབ་དང་ངག་དབང་ཉི་མ་སོགས་ཁ་འགོ་

པ་དང་། ཞུ་དག་པ་ཆེ་ཤོས་ཡོངས་འཛིན་ངག་དབང་འཇམ་དབྱངས་དབང་རྒྱལ། ཨ་ཀྱཱ་ཡོངས་འཛིན་བློ་བཟང་དོན་གྲུབ་སྐྱེ་དབྱངས་ཅན་དགའ་བའི་བློ་གྲོས། དཀའ་བཅུ་ཚུལ་ཁྲིམས་དར་རྒྱས་སོགས་ཀྱིས་མ་ཞུ། བུ་ཞུ། བསྐྱར་ཞུ། དཔར་ཞུ་སྐྱེ་ཞུ་དག་ལན་བཞི་མཛད་ནས་དངུལ་སྲང་ལྔ་བརྒྱ་དང་བཅུ་དྲུག །དོང་ཙེ་ཁྱོན་ཉིས་སྟོང་ལྷག་གིས་རྗེ་ཡབ་སྲས་གསུམ་གྱི་གསུང་འབུམ་ཆ་ཚང་དཔར་དུ་བསྐྲུན་ནས། རབ་ཡིད་ཆུ་འབྲུག་ལོར་(སྤྱི་ལོ་༡༨༣༢ལོ་ཞེས་རྩོམ་སྒྲིག་པས་)ལེགས་པར་གྲུབ་སྟེ་རབ་ཏུ་གནས་པ་རྒྱས་པར་མཛད་ནས་ཆོས་སྦྱིན་མི་ཟད་གཏེར་གྱི་སྒོ་བརྒྱ་ལེགས་པར་ཕྱེ་བ་ཡིན། དེ་ནས་བཟུང་རིམ་བཞིན་རྗེ་བཙུན་དང་སྒོ་མང་ཡིག་ཆ། གསུང་འབུམ་གྱི་རིགས་དང་། ཆོས་སྤྱོད། ཚོགས་འདོན་སོགས་མང་པོ་དཔར་དུ་བསྐྲུབས། ད་ལྟའང་ཡིག་ཆ་དང་དམ་པ་གོང་མའི་གསུང་གནད་ཆེན་སྐོར་དཔར་དུ་བསྐྲུབ་བཞིན་པ་ཡིན།

རྒྱུད་པ་གྲྭ་ཚང་དཔལ་ལྡན་གསང་སྔགས་བདེ་ཆེན་གླིང་ནི། ཧྭ་ཆིང་རྒྱལ་རབས་དང་པོ་གོང་མ་ཧྲུན་ཀྲིའི་གནམ་ལོ་དྲུག་པ་ས་གླང་སྤྱི་ལོ་

༡༨༩༨ལོར། ཟྗི་ན་ལེགས་པ་རྒྱ་མཚོ་དཔལ་བཟང་པོ་དགུང་ལོ་ང་བདུན་སྟེང་
གསང་སྔགས་བདེ་ཆེན་གླིང་ཞེས་ཡོངས་སུ་གྲགས་པའི་རྒྱུད་པ་གྲྭ་ཚང་
གསར་དུ་བཙུགས། དགེ་འདུན་བགྲེས་གཞོན་སུམ་ཅུ་རྩ་གཉིས་འདུས་པའི་
ལྷ་གྲངས་དང་མཉམ་པ་རྒྱུད་པའི་འདུ་ཁང་གསར་པའི་ནང་དུ་བཞུགས་
གདན་བཀྲབ་སྟེ། གསང་ཆེན་རྒྱུད་སྡེ་རྒྱ་མཚོར་ཐོས་བསམ་སྒོམ་པ་གནང་
བའི་མགོ་ཚུགས། ༧རྒྱལ་དབང་ལྔ་པ་ཆེན་མོས་བཅའ་ཡིག་སྩལ། གསེར་
ཏོག་མཆོག་སྤྲུལ་བློ་བཟང་འཕྲིན་ལས་རྣམ་རྒྱལ་གྱིས་ཐུགས་ཁུར་མཛད་དེ།
འདུ་ཁང་གྱུན་ཉེར་ལྔ་ཡོད་པ་སྒོ་འཕྱོར་འཁྱམས་ར་དང་བཅས་པ་གསར་
བཞེངས་བྱས། རྭ་ཁོ་ཤེས་རབ་ཆོས་འབྱོར་དཔལ་བཟང་པོ་རྒྱུད་པ་གྲྭ་ཚང་གི་
ཁྲིར་བཞུགས་སྐབས་འགྲིག་ལམ་ཀུན་སྤྱོད་ཀྱི་རིམ་པ་དང་སྔགས་ཀྱི་འཆད་
ཉན་སོགས་གང་ཅིར་མི་ཉམས་གོང་འཕེལ་དུ་གཏོང་བ་དང་དག་ཐེར་བླ་ན་
མེད་པ་མཛད། མི་ཉག་གློ་གྲོས་དར་རྒྱས་དཔལ་བཟང་པོ་མཆོག་ནས་གྲྭ་ཚང་
འདིར་རྭ་ལོའི་ལུགས་མཁར་ཟུར་དགུ་པའི་ཕྱག་རྒྱུན་བཙུགས་ནས་ཟུར་བཅུ་

དྲུག་པ་དང་དགུ་པ་གཉིས་ལོ་རེ་བཞིན་རེས་མོས་བྱེད་པ་དང་། འདིའི་འདོན་བསྒྲིགས་སོགས་ཀྱང་བརྩམས་པར་མཛད་ནས་ཡར་རྒྱས་གོང་འཕེལ་དུ་བཏང་། རྗེས་སུ་གསེར་ཧོག་རྡོ་རྗེ་འཆང་བློ་བཟང་ཚུལ་ཁྲིམས་དཔལ་བཟང་པོ་མཆོག་ནས་ཀྱང་། བདེ་གསང་འཇིགས་གསུམ་སོགས་ཀྱི་འདོན་ཆོག་འདོན་སྒྲིག་དང་བཅས་པ་གསར་དུ་བསྒྲིགས་ནས་དབྱངས་ཧྭ་འདུར་གསུམ་ཕྱག་ལེན་གྱི་རིམ་པ་སོགས་ལ་ཐུགས་ཁུར་ཆེར་བཞེས་ཀྱི་བཀའ་དྲིན་བླ་ན་མེད་པ་སྐྱོང་བར་མཛད། ཡང་རྒྱུད་པའི་ཁྲི་རབས་ཉེར་དྲུག་པ་མགོན་ཀླུ་གྲགས་པ་རྒྱལ་མཚན་ཁྲིར་བཞུགས་སྐབས། ཐུགས་བཀོད་མཛད་དེ་འདུ་ཁང་ཀ་བ་དྲུག་ཅུ་སྔོ་འཕྱོར་དང་བཅས་པ་དབུས་ཕྱག་ལྷར་གསར་བསྐྲུན་མཛད། ཁྲི་རབས་སོ་ལྔ་པ་བྱམས་པར་ཞབས་དྲུང་ངག་དབང་ཆོས་ཀྱི་ཉི་མའི་སྐབས་སྐྱབས་རྗེ་ཨ་ཀྱཱ་རིན་པོ་ཆེ་ནས་འདུ་ཁང་བཞེངས་ཐེབས་གནང་བར་བརྟེན། འདུ་ཁང་ཁྱམས་ར་དང་བཅས་སླར་ཡང་གསར་གསོ་བྱས། ཁྲི་རབས་རེ་གཉིས་པ་རྟུལ་ཁ་ཞབས་དྲུང་ངག་དབང་བཤད་སྒྲུབ་དར་རྒྱས་སྐབས། ས་ཡོས་ལོར་

འདུ་ཁང་ཀ་བ་ཞེ་བརྒྱད་ཡོད་པ་སྟེང་ཤོད་དབུས་ཕྱུག་སྒོ་འཕྱོར་ཁྱམས་ར་ཛ་ཁང་དང་བཅས་པ་གཞི་ནས་གསར་བཞེངས་བྱས། དེ་རྗེས་སུ་སྤྱི་ལོ་༡༨༤༠ལོའི་ནང་སླར་ཡང་ཞིག་བཟོས་བྱས། དེ་ནས་བཟུང་ད་བར་རྒྱུད་པའི་ཁྲི་རབས་བརྒྱ་ལྷག་སོང་ཡོད།

སྨན་པ་གྲྭ་ཚང་ནི། ཆོས་སྡེ་ཆེན་པོའི་གྲྭ་ཚང་བཞིའི་ནང་ཚན་གསོ་རིག་དར་རྒྱས་གཞན་ཕན་ནོར་བུའི་གླིང་ཞེས་གྲགས་པ། སྨན་པ་གྲྭ་ཚང་ཕྱག་འདེབས་མཛད་པ་པོ་ནི་གདན་སའི་ཁྲི་རབས་བཅོ་བརྒྱད་པ་ཆུ་བཟང་བློ་བཟང་བསྟན་པའི་རྒྱལ་མཚན་དཔལ་བཟང་པོ་དེ་ཉིད་ཀྱིས་རབ་བྱུང་བཅུ་གཉིས་པའི་ལྕགས་ཡོས་སྤྱི་ལོ་༡༧༡༡ལོར་སྔགས་པ་གྲྭ་ཚང་བཙུགས་པ་དུས་འཁྲུག་སྐབས་འཛིག་པ་དང་། དེ་རྗེས་སུ་ཤིང་སྦྲུལ་སྤྱི་ལོ་༡༧༢༥ལོར་གདན་སའི་མཁན་པོ་སེར་ཁྲིས་ཚུལ་ཁྲིམས་རིན་ཆེན་གྱིས་སྔར་གྱི་སྔགས་པ་གྲྭ་ཚང་སྨན་པ་གྲྭ་ཚང་དུ་བསྒྱུར་ནས་གསར་དུ་བཙུགས། གོང་མ་ཆན་ལུང་གནམ་ལོ་ཉེར་གཉིས་པ་རབ་བྱུང་བཅུ་གསུམ་པའི་མེ་གླང་སྤྱི་ལོ་༡༧༥༧ལོར། ཁྲི་རབས་

དང་པོ་གྲོ་བརྙེ་ཏ་སླན་པའི་སློབ་དཔོན་དུ་བསྐོ་བཞག་མཛད་དེ་གྲྭ་ཚང་བྱུར་དུ་ཕྱེ་སྟེ་ལེགས་པར་བཙུགས་ནས་འཆད་ཉན་གྱི་མགོ་རྩུགས། འདུ་ཁང་གྱུན་སུམ་ཙུ་རྩ་ལྔ་ཡོད་པ་སྟེང་སོ་རྒྱ་མཐོངས་སྒོ་འཁོར་ཁྱམས་ར་དང་བཅས་པ་གསར་བཞེངས་མཛད། དེ་རྗེས་རབ་བྱུང་བཅུ་བཞི་པའི་ས་སྟག་ལོར། ཁྲི་ཁང་དང་འདུ་ཁང་ཁྱམས་ར་བཅས་ཡང་བསྐྱར་གསར་བཞེངས་གནང་། དེ་ནི་ཁྲི་རབས་བཅུ་དགུ་པ་གཟིམས་ཁང་གོང་མའི་ཞབས་མཛོད་བློ་བཟང་རྣམ་རྒྱལ་གྱི་སྐབས་ཡིན། དེ་ནས་ཁྲི་རབས་ང་གཉིས་པ་མཆན་སྒྲོགས་དགེ་འདུན་བསྟན་པའི་ཉི་མའི་སྐབས། འདུ་ཁང་རྒྱ་མཐོངས་ཀ་རིང་བཞི་ཡོད་པ་སྤྱེན་རྒྱན་སོགས་ལེགས་པར་གསར་བཞེངས་བྱས་ནས་རབ་གནས་རྒྱས་པར་མཛད། དེ་རྗེས་སུ་སྐྱབས་རྗེ་གསེར་ཏོག་རིན་པོ་ཆེ་རྗེ་བཙུན་བློ་བཟང་ཚུལ་ཁྲིམས་རྒྱ་མཚོ་དཔལ་བཟང་པོ་མཆོག་ནས་ཀྱང་གྲྭ་ཚང་འདི་ཉིད་ཀྱི་འཁྲིག་ལམ་ཀུན་སྤྱོད་དང་ཆོས་འཆད་ཉན་གྱི་རིམ་པ་ལ་འཛིན་སྐྱོང་སྤེལ་བའི་དོ་དམ་ཁུར་དུ་བསྡམས་ནས་དག་ཐེར་ལེགས་པར་མཛད། དེ་ནས་བཟུང་ད་བར་ཁྲི་རབས་

བརྒྱད་ཙུ་ལྔག་ཅམ་སོང་།

དུས་འཁོར་གྲྭ་ཚང་རིགས་ལྡན་བློ་གསལ་གླིང་ནི། ཧྭ་ཆིང་རྒྱལ་རབས་ལྔ་པ་ཀཱུ་ཆེན་གནམ་ལོ་ཉེར་གཉིས་པ་སྤྱི་ལོ་༡༥༡༧ལོར་སྐྱབས་མགོན་ཞིང་བཟའ་པཎྜི་ཏ་བློ་བཟང་དར་རྒྱས་རྒྱ་མཚོའི་ཐུགས་བཀོད་ལྟར། གདན་སའི་མཁན་རིན་པོ་ཆེ་ཆེ་ཤོས་ངག་དབང་བཤད་སྒྲུབ་བསྟན་པའི་ཉི་མ་ནས། རབ་བྱུང་བཅུ་བཞི་པའི་མེ་གླང་ལོར་རིགས་ལྡན་བློ་གསལ་གླིང་ཞེས་དུས་འཁོར་གྲྭ་ཚང་ཟུར་དུ་ཕྱེ་བའི་མགོ་བརྩམས། དེ་ནས་སྐྱབས་རྗེ་ཆེ་ཤོས་རིན་པོ་ཆེ་ནས་འགན་ཁུར་མཛད་དེ། འདུ་ཁང་བཞེངས་ཐེབས་སུ་ཞལ་འདེབས་ལ་དོང་ཙེ་ཁྲིན་སུམ་སྟོང་ལྔ་བརྒྱ་སུམ་ཙུ་ལྔག་ཡོད་པ་ལ་གཞིར་བྱས། དེའི་འགྲོ་མའི་རྒྱུ་རྫས་དངུལ་དང་དོང་ཙེ་ཐམས་ཅད་སྐར་བ་རང་ནས་ཕུད་དེ་སྤྱི་ཕྱི་ཀུན་བསྡོམས་པའི་དོང་ཙེ་ཁྲིན་སྟོང་ཕྲག་བདུན་དང་བཞི་བརྒྱ་ལྔག་གི་རྒྱུ་སོང་ལ་བརྟེན་ནས་འདུ་ཁང་གྱུན་ཉི་ཤུ་རྩ་ལྔ་ཐོག་སྒོ་འཁྱོར་ཁྱམས་ར་དང་བཅས་པ་གཞི་ནས་གསར་བཞེངས་མཛད། གཞན་ཡང་སྤྱན་རྒྱུན། གཙོ་ར། རྒྱལ་

མཚན། འཁོར་ལོ། རི་དྭགས་ཕོ་མོ། ཐེག་ནག་དར་ཤིང་བཅས་བསྐྲུན་པ་དང་། འདུ་ཁང་ནང་གི་ཀུན་དགའ་ར་བ། ལྷ་རྟེན་ཆོས་གསུམ། གྲལ་གདན་སོགས་མཁོ་བའི་ཡོ་བྱེད་མཐའ་དག་གསར་བསྐྲུན་བྱས་ཏེ་སྤྱི་འཛོག་ཏུ་ཕུལ། དེ་ནས་གསེར་ཏོག་ནོ་མོན་ཧན་ཡེ་ཤེས་ཐུབ་བསྟན་རྒྱ་མཚོའི་རིང་ལ། གྲྭ་ཚང་འདིའི་བཅའ་ཡིག་དང་འགྲིག་ལམ་ཀུན་སྤྱོད་ཀྱི་རིམ་པ་ཡར་རྒྱས་གོང་འཕེལ་དུ་བཏང་བར་མཛད། དེ་རྗེས་ཁྲི་རབས་སོ་གསུམ་པ་བྲག་ལུང་ཞབས་དྲུང་དགེ་འདུན་བསྟན་པ་རྒྱ་མཚོའི་སྐབས། ཆེ་ཤོས་རིན་པོ་ཆེ་བློ་བཟང་བྱང་ཆུབ་བསྟན་པའི་སྒྲོན་མེ་དཔལ་བཟང་པོ་ནས་བཀོད་ཁྱབ་མཛད་དེ་འདུ་ཁང་གྱུན་ཉེར་ལྔ་སྟེང་ཤོད་དབུས་ཕྱུག་སྒོ་འཁྱོར་དང་བཅས་གསར་བསྐྲུན་བྱས། དེ་ནས་བཟུང་ད་བར་དུ་དུས་འཁོར་ཁྲི་རབས་བདུན་ཅུ་ཙམ་སོང་། སླར་ཡང་རབ་བྱུང་བཅུ་དྲུག་པའི་བློ་ངན་ལྕགས་བྱ་སྤྱི་ལོ་༡༩༨༡ལོར་མགོ་ཚུགས་ཏེ་ཐོག་མཐའ་བར་གསུམ་དུ་ཕྲན་ནས་འགན་ཁུར་བླངས་ཏེ་འདུ་ཁང་གྱུན་སུམ་ཅུ་སྟེང་ཤོད་དབུས་ཕྱུག་སྒོ་འཁྱོར་འཁྲུམས་ར་དང་བཅས་རྒྱ་ཆེར་གསར་བསྐྲུན་

བྱས་ནས་སྤྱན་དབྱེའི་ཆོ་ག་རྒྱས་པར་མཛད། སྐྱར་ཡང་གྲྭ་ཚང་འདིའི་ཀློག་པ་ཐོས་བསམ་གྱི་འཁོར་ལོ་འཆད་ཉན་གྱི་རིམ་པ་གང་ཡོད་ཐམས་ཅད་གཞི་རྩ་བརྟན་པོར་བྱས་ནས་ཐིག་རྩལ་ཆོན་འདོན་རྟ་དབྱངས་གསུམ་སོགས་འགྲིག་ལམ་གང་ཡོད་དག་ཐེར་དང་འབྲེལ་ཡར་རྒྱས་གོང་འཕེལ་དུ་བཏང་དང་གཏོང་བཞིན་པ་ལགས་སོ། །

མཆོད་རྟེན་བརྒྱད་པོ་ནི། ཐཱ་ཆིང་རྒྱལ་རབས་བཞི་པ་ཆན་ལུང་གནམ་ལོ་ཞེ་གཅིག་པ་མེ་སྤྲེལ་སྤྱི་ལོ་༡༧༧༦ལོ་སྟེ་ཁྲི་ཆེན་སོ་གཅིག་པ་མགོན་ཀླུ་གྲགས་པ་རྒྱལ་མཚན་སྐབས། རྭ་ཁོད་དཔོན་པོ་སངས་རྒྱས་ལྷུན་གྲུབ་ཀྱིས་ཆོང་རའི་ནང་དུ་བདེ་བར་བཤེགས་པའི་མཆོད་རྟེན་བརྒྱད་བཞེངས་པ་ཡིན་ལ། འདིའི་རྒྱུ་མཚན་གསལ་པོར་སྐུ་འབུམ་དཀར་ཆག་ཐམས་ཅད་ལས་གསལ། སྐབས་དེར་བྱང་གི་མཆོད་རྟེན་ཡང་ཞིག་གསོས་མཛད། མཆོད་རྟེན་བརྒྱད་པོ་ནི་གང་ཞེ་ན། ལྷུམས་སུ་ཞུགས་པའི་མཆོད་རྟེན་དང་མངོན་པར་བྱང་ཆུབ་པའི་མཆོད་རྟེན། ཆོས་འཁོར་བསྐོར་བའི་མཆོད་རྟེན། སྨུ་སྟེགས་ཕམ་པའི་མཆོད་

རྟེན། ལྷ་ནས་བབས་པའི་མཆོད་རྟེན། དབྱེན་ཟློུམ་མཆོད་རྟེན། སྐུ་ཚེ་བྱིན་གྱིས་བརླབས་པའི་མཆོད་རྟེན། མྱ་ངན་ལས་འདས་པའི་མཆོད་རྟེན་དང་བཅས་བརྒྱད། མཆོད་རྟེན་བརྒྱད་པོ་རེ་རེའི་མཐའ་སྐོར་དུ་སྤྱི་ཁྲེ་༩.༥༠དང་། མཐོ་ཚད་ལ་སྤྱི་ཁྲེ་༨.༥༠བཅས་ཡོད། སྐབས་དེར་སྤྱི་ལོ་༡༧༧༨ལོ་དང་། ཆན་ལུང་ཁྲི་ལོ་བཞི་བཅུ་ཞེ་གཅིག་པའི་ལོ་ཡིན། ད་ལྟ་ཡོད་པའི་རྒྱལ་སྲིད་སྤྱི་ཁྱབ་ཁང་གི་བཀའ་ཡིག་འདི། རྒྱལ་ཡོངས་གནད་ཆེ་བའི་རིག་རྫས་སྲུང་སྐྱོབ་སྡེ་ཁག་སྐུ་འབུམ། ཀྲུང་ཧྭ་མི་དམངས་སྤྱི་མཐུན་རྒྱལ་ཁབ་ཀྱི་རྒྱལ་སྲིད་སྤྱི་ཁྱབ་ཁང་། སྤྱི་ལོ་༡༩༨༡ལོའི་ཟླ་བ་གསུམ་པའི་ཚེས་བཞི་ལ་ཁྱབ་བསྒྲགས། མཚོ་སྔོན་ཞིང་ཆེན་མི་དམངས་ཨུ་ཡོན་ལྷན་ཁང་གིས་བཙུགས་ཞེས་པའི་ཡི་གེ་འདི་ནི་རྒྱལ་སྲིད་སྤྱི་ཁྱབ་ཁང་ནས་སྩལ་བའི་བཀའ་ཡིག །མི་དམངས་ཀྱིས་ངེས་རྒྱུར་གནང་བ་ཡིན་པས། ད་ལྟ་སྐུ་འབུམ་དགོན་པའི་གཞུང་ལམ་གྱི་འགྲམ་དུ་བསླངས་ཡོད་དོ། །

རྟོར་ཟླ་དང་པོའི་ཆོས་བཅོ་ལྔའི་མེ་ཏོག་མཆོད་པ་འདིའི་ལོ་རྒྱུས་ནི།

རྗེའི་རྣམ་ཐར་ཆེན་མོ་ནོར་བུའི་ཕྲེང་བ་ལས། རྗེ་བདག་ཉིད་ཆེན་མོ་དགོང་ལོ་ང་གསུམ་དུ་ཕེབས་པ་ས་མོ་གླང་སྤྱི་ལོ་༡༩༠༨ལོའི་ཧོར་ཟླ་དང་པོའི་ཚེས་གཅིག་ནས་བཅོ་ལྔའི་བར་ཆོ་འཕྲུལ་ཆེན་པོའི་དུས་ཀྱི་མཆོད་པ་དངོས་གཞི་མཛད་པའི་སྐབས། ངོ་མཚར་བའི་མཆོད་པའི་བྱེ་བྲག་མཐའ་ཡས་པ་དང་། རྒྱལ་སྲིད་རིན་པོ་ཆེ་སྣ་བདུན། བཀྲ་ཤིས་རྟགས་བརྒྱད། རྫས་བརྒྱད་ལ་སོགས་པ། ལྷ་མིའི་འདོད་ཡོན་ཕུན་སུམ་ཚོགས་པའི་བཀོད་པ་ཡིད་འཕྲོག་པ་དཔག་ཏུ་མེད་པ་མངོན་པར་བཀྲམས་ཤིང་། དེ་ཐམས་ཅད་རྗེ་བླ་མ་ཉིད་ཀྱིས་ཕྱག་དང་ཕྱག་རྒྱ་དང་། ཏིང་ངེ་འཛིན་གྱིས་བདེ་བ་ཆེན་པོའི་ངོ་བོར་བྱིན་གྱིས་བརླབས་ནས་ཕྱོགས་བཅུའི་རྒྱལ་བ་སྲས་དང་བཅས་པ་ཐམས་ཅད་ཡོངས་སུ་མཉེས་པར་མཛད་པ་དང་། བསྟན་པ་རིན་པོ་ཆེ་འཇིག་རྟེན་ཁམས་སུ་མི་ནུབ་པར་ཡུན་རིང་དུ་གནས་པ་དང་། སེམས་ཅན་ཡོངས་ལ་ཕན་པ་དང་། བདེ་བ་རྒྱུན་མི་ཆད་དུ་འབྱུང་བའི་སྨོན་ལམ་རྣམ་པར་དག་པ་ཉིན་རེ་བཞིན་མཛད། རྒྱལ་དེ་དག་གསང་བའི་རྣམ་ཐར་གསོལ་འདེབས་ལས་ཀྱང་། ཆོས་

འཁོར་ལྷ་སར་ཚོ་འཕྲུལ་ཆེན་པོའི་དུས། །ངོ་མཚར་བཀྲ་ཤིས་སྣ་ཚོགས་བརྒྱ་བཀོད་པའི། །མཆོད་པ་བདེ་བ་ཆེན་པོར་བྱིན་རླབས་ནས། །ཕྱོགས་བཅུའི་རྒྱལ་བ་སྲས་བཅས་མཉེས་པར་མཛོད། །ཅེས་གསུངས་པ་ལྟར། དེ་དག་གི་ཚེ་སྔར་རྗེང་ཕྱི་དང་རྒྱ་སོག་ཕྱུ་སོགས་སུ་གཟིགས་སྣང་བྱུང་བ་དང་མཐུན་པར་ཕྱོགས་བཅུའི་རྒྱལ་བ་རྣམས་མཆོད་པའི་ཡུལ་དང་། སྨོན་ལམ་གྱི་དཔང་པོར་སྤྱན་དྲངས་པའི་ཚེ། སྐུ་ཡི་བཀོད་པ་བསམ་གྱིས་མི་ཁྱབ་པའི་སྒོ་ནས་མཆོད་པ་བདག་གིར་མཛད་ཅིང་། དེ་ནས་བཟུང་ད་བར་དུ་ཚོ་འཕྲུལ་མཆོད་པའི་སྲོལ་རྒྱུན་འདི་ཚུགས་པ་ཡིན་ནོ། །

ཚོགས་ཆེན་ཛ་ཁང་ཆེན་མོ་ནི། ཆིན་ཁྲོ་ཁང་ཞེས་གནམ་ལོ་ཉེར་བརྒྱད་པ་རབ་བྱུང་བཅུ་གཉིས་པའི་ས་སྤྲུལ་སྤྱི་ལོ་༡༦༢༨ལོར་གསར་བསྐྲུན་བྱས། ཛ་ཁང་ནང་དུ་ཁྲོ་ཟངས་ཆེ་བ་ལྔ་ཡོད། ཁ་ཞེང་ལ་སྤྱི་ཁྲི་༡.༦༥ནས་སྤྱི་ཁྲི་༢.༦དང་། མཐོ་ཚད་ལ་སྤྱི་ཁྲི་༠.༨ནས་སྤྱི་ཁྲི་༡.༣ཡིན།

དུས་འཁོར་བློས་བསླངས་ཁང་ནི། ཆོས་སྡེ་ཆེན་པོ་སྐུ་འབུམ་བྱམས་པ་

གླིང་དུ་སྐྱབས་རྗེ་ཡོངས་འཛིན་རྒྱ་ཡག་རྡོ་རྗེ་འཆང་རྗེ་བཙུན་བློ་བཟང་བསྟན་པའི་རྒྱལ་མཚན་དཔལ་བཟང་པོ་མཆོག་ནས་སྤྱིན་བདག་མཛད་དེ། རབ་བྱུང་བཅུ་དྲུག་པ་ཟད་པ་མེ་སྟག་ལོ་ནས་མགོ་ཚུགས། སྐྱབས་རྗེ་ཨ་ཀྱཱ་མཆོག་སྤྲུལ་རིན་པོ་ཆེ་ནས་ཐོག་མཐའ་བར་གསུམ་དུ་ཐུགས་བསྐོད་དང་འགན་ཁུར་ལྷུར་བཞེས་མཛད་ནས། རབ་བྱུང་བཅུ་བདུན་པའི་མེ་ཡོས་ལོའི་ཟླ་བ་དྲུག་པའི་བར་བཅོམ་ལྡན་འདས་དཔལ་དུས་ཀྱི་འཁོར་ལོའི་བློས་བསླངས་རྟེན་དང་བརྟེན་པ་བཅས་པ་ལེགས་པར་གྲུབ་ནས། ཧོར་ཟླ་དྲུག་པ་ཕྱི་མའི་ཚེས་བཅོ་ལྔ་གཟའ་སྐར་སྦྱོར་བ་ཕུན་སུམ་ཚོགས་པའི་ཉིན་སྤྱི་ལོ་༡༨༤༧ལོའི་ཟླ་༤པའི་ཚེས་༨ཉིན་གྱི་སྔ་དྲོར་སྐྱབས་རྗེ་ཡོངས་འཛིན་རྡོ་རྗེ་འཆང་ནས་དཔལ་དུས་ཀྱི་འཁོར་ལོའི་བློས་བསླངས་འདི་སྐུ་འབུམ་དགོན་པ་གཞུང་ལ་འབུལ་ལམ་མཛད་ནས་ཐུགས་སྨོན་རྒྱ་ཆེར་གནང་། དེའི་ཉིན་དཔལ་དུས་ཀྱི་འཁོར་ལོའི་རབ་གནས་ཀྱི་ཆོ་ག་རྒྱས་པར་མཛད། ཡང་ཉིན་དེར་༧གོང་ས་སྐྱབས་མགོན་རྒྱལ་བའི་དབང་པོ་མཆོག་ནས་སྐུ་འབུམ་དགོན་པའི་རྟེན་སྐལ་དུ་སྩལ་བ།

༄གོང་ས་མཆོག་ནས་དུས་འཁོར་དབང་ཆེན་གནང་སྐབས་ཀྱི་དཔལ་དུས་ཀྱི་འཁོར་ལོའི་ཞལ་ཐང་བྱིན་རླབས་ཅན་ཕྲན་གྱི་ལག་ཏུ་འབྱོར་བ་དེ་མ་ཐག་རང་སྒར་ནས་ཟི་ན་རིན་པོ་ཆེས་སྤྲོས་སྣ། ཕྲན་ནས་ཞལ་ཐང་གདན་དྲངས་ཏེ་གློས་བསྐྱངས་ཁང་གི་ཕྱི་རོལ་ཏུ་སླེབས་པ་ན་སེར་སྤྲེང་དང་། སྐྱབས་རྗེ་ཡོངས་འཛིན་རིན་པོ་ཆེ་དང་། ཨ་ཀྱཱ་མཆོག་སྤྲུལ་རིན་པོ་ཆེ། གསེར་ཏོག་མཆོག་སྤྲུལ་རིན་པོ་ཆེ་རྣམས་ནས་སྤྲོས་སྣ་དང་བཅས་ཏེ། གློས་བསྐྱངས་ཁང་དུ་གདན་དྲངས་ནས་བཞུགས་སུ་གསོལ། སྐབས་དེར་ཐམས་ཅད་ཀྱིས་དཔལ་དུས་ཀྱི་འཁོར་ལོའི་གློས་བསྐྱངས་ཁང་དུ་ཡེ་ཤེས་པ་དངོས་སུ་ཕེབས་པ་རེད། རྟེན་འབྲེལ་ཡང་མ་བསྒྲིགས་རང་ལྷུན་གྱིས་གྲུབ་སོང་། ཞེས་ཀུན་གྱིས་དགའ་སྤྲོ་དང་ཡིད་ཆེས་བླ་ན་མེད་པ་ཐོབ་ལགས།

ད་ནི་ལྷ་ཁང་སོ་སོར་སྐུ་གསུང་ཐུགས་ཀྱི་རྟེན་ཇི་འདྲ་བཞུགས་པའི་སྐོར་མདོར་བསྡུས་གསལ་བར་བཤད་པ་ལ། ཐོག་མར་སྐུ་འབུམ་གསེར་སྡོང་ཆེན་མོ་འཛམ་གླིང་རྒྱན་གཅིག་ཅེས་གྲགས་པའི་ལྷ་ཁང་ནང་དུ། རྟེན་གྱི་གཙོ་བོ་རྗེ་བདག་ཉིད་ཆེན་པོ་སྐུ་བལྟམས་པའི་ཚེ། ལྟེ་མཚལ་ཟགས་པ་ལས་འཁྲུངས་པའི་ཙན་དན་དཀར་པོའི་ལྗོན་པ་ཡལ་འདབ་ཤུན་པ་རྣམས་ལ་སྐུ་གཟུགས་དང་ཡིག་འབྲུ་མང་པོ། ལོ་མ་འབུམ་ལ་རྒྱལ་བ་སེང་གེའི་ང་རོའི་སྐུ་བརྙན་འབུམ་ཕྲག་བཅས་རང་བྱོན་དུ་ཡོད་པ་སྙིང་པོར་བྱས་པའི་ཟ་མ་ཏོག་གི་ཕྱིའི་རྫོ་ཁང་ནང་དུ། རྒྱལ་བ་སེང་གེའི་ང་རོའི་སྐུ་བརྙན་འབུམ་དཔར་དུ་བཏབ་པ་དང་། རྗེ་གླིང་འཕུར་མ་སོགས་སྲིད་ན་རྙེད་པར་དཀའ་བའི་སྐུ་བརྙན་གྱི་

རྟེན་དང་། རྒྱལ་བའི་བཀའ་འགྱུར་རོ་ཅོག་སོགས་གསུང་རྟེན། བཀའ་གདམས་མཆོད་རྟེན་དང་། བཀའ་གདམས་གོང་མ་རིམ་བྱོན་གྱི་གདུང་རུས་དང་ཕུར་ཚྭ་ན་བཟའ་སོགས་བཞུགས་པའི་དངུལ་གདུང་ཆོ་འཕྲུལ་མཆོད་རྟེན་བྱིན་རླབས་ཀྱི་གཟི་འོད་འབར་བ་དེ་ཡིན། དེའི་སྒོ་ཁྱིམ་ནང་དུ་ཆེ་ཤོས་ལྷ་བཟོ་བློ་བཟང་བཤེས་གཉེན་གྱིས་བཞེངས་པའི་རྫ་རིན་པོ་ཆེའི་སྨན་སྐུ་འགངས་ཅན་མདངས་འགྱུར་མ་ཕྲུག་ཏུ་པཎ་ཆེན་ཐམས་ཅད་མཁྱེན་པ་བློ་བཟང་དཔལ་ལྡན་ཡེ་ཤེས་དཔལ་བཟང་པོས་སྐུལ་བའི་དུང་དཀར་གཡས་འཁྱིལ་བཅས་བཞུགས། སྒོ་བརྒྱན་སྟེང་གི་གདུགས་ཁྱིམ་འོག་གི་ཤེལ་སྒོའི་ནང་དུ་སངས་རྒྱས་འོད་སྲུང་གི་ཚེམས་དང་བདེ་བར་གཤེགས་པའི་འཕེལ་གདུང་བཅས་བཞུགས། དེའི་མདུན་གྱི་ཀུན་དགའ་ར་བའི་ནང་གི་སྟེང་ཕྱོགས་སུ་༧རྒྱལ་དབང་སྐལ་བཟང་རྒྱལ་མཚོས་བར་མ་རབ་བྱུང་གི་ཚུལ་ཁྲིམས་བཞེས་སྐབས་ཀྱི་རྟེན་དང་། པཎ་ཆེན་དཔལ་ལྡན་ཡེ་ཤེས་གསོ་སྦྱོང་མགོན་དུ་ཕེབས་སྐབས་ཀྱི་ཐུགས་དམ་གྱི་རྟེན་ཁྱད་པར་ཅན་ཐུབ་པ་ཚུལ་ཁྲིམས་མའི་སྐུ་རྡོ་རྗེ་

གདན་པ་བྱིན་རླབས་ཅན་ཁྲི་རྒྱབ་ཡོལ་དང་བཅས་པ་སོགས་བཞུགས། ཀུན་དགའ་ར་བ་འདིའི་དབུས་སུ་མཆོད་རྟེན་ཆེན་མོའི་མདུན་དུ་པཎ་ཆེན་ཐམས་ཅད་མཁྱེན་པ་ཆོས་ཀྱི་ཉི་མའི་འདྲ་སྐུ་རིན་པོ་ཆེ་ཁམས་ཕྱོགས་ནས་གདན་དྲངས་པ་བྱིན་རླབས་ཅན་བཞུགས། དེའི་གཡས་ཀྱི་ཀུན་དགའ་ར་བའི་ནང་དུ། ཨ་ཀྱཱ་བློ་བཟང་བསྟན་པའི་རྒྱལ་མཚན་དང་། ཨ་ཀྱཱ་ཡེ་ཤེས་མཁས་གྲུབ་དཔལ་བཟང་པོ། རྗེ་དྲུང་ངག་དབང་དཀོན་མཆོག་བསྟན་པའི་ཉི་མ། ཨ་ཀྱཱ་ཡོངས་འཛིན་བློ་བཟང་དོན་གྲུབ་སོགས་ཀྱི་སྐུ་གདུང་བཅས་མཆོད་རྟེན་ལྔ་བཞུགས། དེའི་གཡོན་གྱི་ཀུན་དགའ་ར་བའི་ནང་དུ། ལྕང་སྐྱ་ངག་དབང་ཆོས་ལྡན། རྭ་ཁོ་ཤེས་རབ་ཆོས་འབྱོར། གསེར་ཁྲི་བློ་བཟང་བསྟན་པའི་ཉི་མ། ཆེ་ཤོས་ངག་དབང་བསྟན་པ་སོགས་ཀྱི་སྐུ་གདུང་ལྔ་བཅས་བཞུགས། གསེར་སྡོང་ཆེན་མོའི་གཡས་ངོས་སུ། སྐྱབས་རྗེ་རྗེ་དྲུང་ངག་དབང་དཀོན་མཆོག་བསྟན་པའི་ཉི་མའི་གདུང་རུས་སོགས་བཞུགས་པའི་མཆོད་རྟེན་ཆེ་བ་གཅིག་བཞུགས། གཡོན་ངོས་སུ་སྐྱབས་རྗེ་ལྕང་སྐྱ་ངག་དབང་བློ་བཟང་ཆོས་ལྡན་གྱི་

གདུང་གི་ཆ་ཤས་བཞུགས་པའི་སྐུ་གདུང་མཆོད་རྟེན་ཆེ་བ་གཅིག་བཅས་
བཞུགས། གསེར་སྡོང་ཆེན་མོའི་གཡས་ཀྱི་ཀུན་དགའ་ར་བའི་ནང་དུ། པཎ་
ཆེན་ཐམས་ཅད་མཁྱེན་པ་ཆོས་ཀྱི་ཉི་མའི་སྐུ་གདུང་། དེའི་གཡས་ཀྱི་ཀུན་
དགའ་ར་བའི་ནང་དུ་སྐྱབས་རྗེ་བཀའ་དྲིན་ཟླ་མེད་མི་ཉག་རྡོ་རྗེ་འཆང་རྗེ་
བཙུན་ངག་དབང་ལེགས་བཤད་རྒྱ་མཚོའི་འདྲ་སྐུ་བྱིན་ཅན་རྗེ་ཉིད་ཀྱིས་རབ་
གནས་གནང་བ། སྐྱབས་མཆོག་ཨ་ཀྱཱ་རིན་པོ་ཆེ་བསྟན་པའི་རྒྱལ་མཚན་གྱི་སྐུ་
གདུང་མཆོད་རྟེན། རྗེ་རིན་པོ་ཆེ་དགུང་ལོ་ཕྲ་དུས་ཀྱི་ཞབས་རྗེས་རྡོ་ལ་རི་མོ་
གསལ་བར་བབས་པ་བཞུགས་ཁང་དང་བཅས་པ་བཞུགས། གསེར་སྡོང་ཆེན་
མོའི་གཡོན་གྱི་ཀུན་དགའ་ར་བའི་ནང་དུ་ཨ་ཀྱཱ་རིན་པོ་ཆེ་འཇམ་དབྱངས་རྒྱ་
མཚོ་མཆོག་གི་སྐུ་གདུང་མཆོད་རྟེན། དེའི་ཀུན་དགའ་ར་བའི་ནང་དུ་གསེར་
ཁྲི་རིན་པོ་ཆེའི་མཆོད་རྟེན་ཡང་བཞུགས། དེའི་གཡོན་དུ་༧རྒྱལ་དབང་བདུན་
པས་བྱམས་པ་གླིང་སྐོར་གྱི་རྟེན་དུ་གནང་བའི་རྗེ་བཙུན་བྱམས་པའི་བཞེངས་
སྐུ་གསེར་ཟངས་ལས་གྲུབ་པའི་བྱིན་ཅན་བཞུགས་ཁང་རྒྱ་ཕིབས་དང་བཅས་

པ་བཞུགས། གསེར་སྡོང་ཆེན་མོའི་རྒྱབ་ཀྱི་ཀུན་དགའ་ར་བའི་ནང་རྗེ་རིན་པོ་ཆེའི་འདྲ་སྐུ་བྱིན་རླབས་ཀྱི་གཟི་འོད་འབར་བ་དང་། གསེར་སྡོང་ཆེན་མོའི་སྒོ་ཁྱིམ་རྙིང་པ་དང་བཅས་པ་བཞུགས། དེའི་མདུན་དུ་བརྒྱད་སྡོང་པའི་གླེགས་བམ་ཆེ་བ་བྱིན་རླབས་ཅན་བཞུགས། གསེར་སྡོང་གི་རྒྱབ་དང་གཡས་གཡོན་གྱི་ཀུན་དགའ་ར་བའི་ནང་དུ། ཁྲི་ཆེན་བློ་གྲོས་རྒྱ་མཚོའི་ཐུགས་དམ་གྱི་རྟེན་རིན་པོ་ཆེ་སྣ་ཚོགས་ལས་བཞེངས་པའི་བཀའ་འགྱུར་རྒྱལ་རྩེ་ཐེམ་སྤངས་མའི་བསྐྲིགས་རིམ་ལྟར་གྱི་པོ་ཏི་བརྒྱ་དང་གཅིག་ན་བཟའ་དང་བཅས་པ། ཡང་སྡེ་དགེ་དང་སྣར་ཐང་དཔར་མའི་བཀའ་བསྟན་འགྱུར། གཞན་ཡང་། དད་ལྡན་རྣམས་ཀྱིས་ཕུལ་བའི་རྗེ་ཡབ་སྲས་གསུམ་གྱི་གསུང་འབུམ་སོགས་གསུང་རབ་སྣ་ཚོགས་བཞུགས།

ཆོས་རྒྱལ་ཕོ་བྲང་དུ། ལྷ་བཟོ་རབ་འབྱམས་པ་བློ་བཟང་འཕྲིན་ལས་ཀྱིས་བཞེངས་པའི་དམ་ཅན་ཆོས་རྒྱལ་གྱི་སྨན་སྐུ་བྱིན་རླབས་ཅན་བཞུགས། བར་སོ་ན། སྨན་པ་སློབ་ཟུར་སུ་ཉིད་བློ་བཟང་དམ་ཆོས་ཀྱིས་ཕུལ་བའི་གསེར་

ཟངས་ལས་གྲུབ་པའི་སངས་རྒྱས་སུམ་ཅུ་སོ་ལྔ་སོགས་བཞུགས། དེའི་མདུན་དུ་སྐྱབས་རྗེ་གསེར་ཏོག་རིན་པོ་ཆེ་སྐུ་གོང་མས་བཞེངས་པའི་རྣམ་རྒྱལ་མཆོད་རྟེན། དེའི་རྒྱབ་དུ་༧ཀུན་གཟིགས་པཎ་ཆེན་ཐམས་ཅད་མཁྱེན་པ་རྗེ་བཙུན་བློ་བཟང་འཕྲིན་ལས་ལྷུན་གྲུབ་ཆོས་ཀྱི་རྒྱལ་མཚན་དཔལ་བཟང་པོས་གནང་བའི་རྗེ་ཡབ་སྲས་གསུམ་གྱི་སྐུ་རྒྱུ་ནག་ལི་མ་བྱིན་ཅན་བཅས་བཞུགས། རྗེ་བླ་མས་ཨ་ཅེ་ལ་གནང་བའི་འདྲ་ཐང་གསུང་འབྱོན་མ་ཕྱག་ཞབས་ཀྱི་རྗེས་ཡོད་པ་དེ། འཛམ་དབྱངས་ཀུན་གཟིགས་ཀྱི་ནང་རྟེན་དུ་བཞུགས་ཡོད་པ་གསེར་ཏོག་གསུང་གི་དཀར་ཆག་དོན་ལྡན་ཚངས་པའི་དབྱངས་སྙན་དང་། ཀུན་མཁྱེན་འཇིགས་མེད་དབང་པོས་མཛད་པའི་དཀར་ཆག་མུ་ཏིག་འཕྲེང་བ། གསེར་ཏོག་ཡེ་ཤེས་ཐུབ་བསྟན་རྒྱ་མཚོས་མཛད་པའི་དཀར་ཆག་རྣ་བའི་བཅུད་ལེན། དཔའ་རིས་རབ་གསལ་གྱིས་མཛད་པའི་དཀར་ཆག་རབ་གསལ་མེ་ལོང་བཅས་སྐུ་འབུམ་དཀར་ཆག་བཞི་ལས་གསལ་བོར་གསུངས་ཡོད། འོན་ཀྱང་རྗེ་བླ་མའི་ཨ་ཅེའི་ཡུལ་བ། ཟེ་འར་ཅི་ཞེས་པའི་གནས་ཚང་ནས། རྗེ་

བདག་ཉིད་ཆེན་པོས་ཨ་ཅེ་ལ་གནང་བའི་འདྲ་ཐང་། ཕྱག་ཞབས་ཀྱི་རྗེས་ཡོད་པ་དེ་ངོ་མ་ཡིན་ཞེས་སྐུ་འབུམ་དུ་གདན་དྲངས་ཏེ། ད་ལྟ་གསེར་སྡོང་ཆེན་མོའི་བར་ཐོག་ཏུ་གཡས་ཀྱི་ཀ་བའི་གདོང་ཀུན་དགའ་ར་བའི་ནང་དུ་བཞུགས་ཡོད། འདིའི་གནས་ཚུལ་ངོ་མ་རྩད་མི་ཆོད་པར་འདུག །འོན་ཀྱང་བདག་གི་བསམ་ཚོད་ལ་རྗེ་བདག་ཉིད་ཆེན་པོས་ཨ་ཅེ་ལ་འདི་ལྟ་བུ་སྔ་ཕྱིར་ལན་གཉིས་གནང་བ་ཨེ་ཡིན་སྙམ། སྔེང་སོའི་ཆོས་རྒྱལ་པོ་བྲང་ན་ཆེ་ཤོས་ལྷ་བཟོ་ནས་བཞེངས་པའི་རྗེ་རིན་པོ་ཆེ། དམ་ཅན་ཆོས་རྒྱལ་རྡུལ་ཕྲུང་མ་བྱིན་ཅན་ཕྱི་ངོས་སུ་བཞུགས་ཡོད། འོག་གི་དཔེ་མཛོད་ཁང་ནང་དུ་ཛམ་དཀར་གྱི་སྐུ་ཞིག་ཡོད་པ་དེ་བདེ་ཡངས་བློ་བཟང་སྐལ་གྲགས་རྒྱ་མཚོས་བཞེངས་པ་ཡིན་གསུངས་ལགས།

ལྷ་ཁང་ཆེན་མོའི་གཡས་ངོས་ཀྱི་བྱམས་ཁང་ནང་དུ། འདུལ་འཛིན་སྒོམ་ཆེན་པ་རིན་ཆེན་བརྩོན་འགྲུས་རྒྱལ་མཚན་གྱིས་བཞེངས་པའི་རྗེ་བཙུན་བྱམས་པ་མགོན་པོ་དགུང་ལོ་བཅུ་གཉིས་པའི་སྐུ་བརྙན། དེའི་གཟུངས་གཞུག་

ཏུ་རྗེ་རིན་པོ་ཆེའི་དབུ་ལོ་དབུ་ཞྭ་སོགས་དང་དམ་པ་གོང་མ་རིམ་བྱོན་མང་པོའི་ན་བཟའ་དང་། བདེ་གཤེགས་འཕེལ་གདུང་སོགས་བྱིན་ཅན་མང་པོ། ཡབ་ཀླུ་འབུམ་དགེའི་དབུ་ཐོད་ལ་འཇམ་དབྱངས་ཀྱི་སྐུ་རང་བྱོན་ཡོད་པ་སོགས་སྐུ་མཐའ་ཡས་པ་བཞུགས། དེའི་གཡས་ཕྱོགས་སུ་སྒོམ་ཆེན་རིན་ཆེན་བརྩོན་འགྲུས་རྒྱལ་མཚན་གྱི་སྐུ་གདུང་། གཡོན་ཕྱོགས་སུ་རྩ་བའི་བླ་མ་འོད་ཟེར་རྒྱ་མཚོའི་སྐུ་གདུང་མཆོད་རྟེན། ཀ་བའི་གདོང་དུ་༄རྒྱལ་དབང་བསོད་ནམས་རྒྱ་མཚོས་གཞི་འཛིན་གྱི་བཀའ་སྩོད་དུ་སྩལ་བའི་གསུང་གི་རྒྱལ་པོའི་སྐུ་བྱིན་ཅན། ཁྲབ་རྨོག་སོགས་སྤྱན་གཟིགས་དང་བཅས་པ། དེའི་མདུན་དུ་ཕྱག་གཉིས་ཀྱི་མཛུབ་མོ་ཡར་འགྲེང་བའི་ཕྱག་རྒྱ་ཅན་གྱི་སྐུ་ཞིག་ཡོད་པ། སྤྱན་རས་གཟིགས་ཀྱི་བྱེ་བྲག་ཅིག་ཨེ་ཡིན་སྙམ། སྐུ་དེའི་ལྷག་རྒྱབ་ཏུ་ཀླུ་ཆེན་ཉེར་གསུམ་ལོའི་ཅེ་རེ་ལ་ཟེར་བའི་རྒྱ་ཡིག་ཅིག་བྲིས་ཡོད། ངག་རྒྱུན་དུ་གཏེར་བཏོན་པ་ཡིན་ཟེར་མོད་དཀར་ཆག་སོགས་ལས་མི་གསལ་བས་རྒྱུ་མཚན་མི་ཤེས་ལགས།

འཇམ་དབྱངས་ཀུན་གཟིགས་ཀྱི་ལྷ་ཁང་ནང་དུ། རྟེན་གྱི་གཙོ་བོ་བཟོ་བོ་བི་ཤྭ་ཀརྨའི་རྣམ་འཕྲུལ་ཆེ་ཤོས་ལྷ་བཟོ་བློ་བཟང་བཤེས་གཉེན་གྱིས་བཞེངས་པའི་འཇམ་དབྱངས་ཀུན་གཟིགས་ཀྱི་སྨན་སྐུ་ཁྱད་པར་ཅན་ཆེ་ཚད་ནང་གཞུག་ཏུ་རྗེ་བླ་མས་ཨ་ཅེ་ལ་གནང་བའི་རྗེའི་འདྲ་ཐང་གསུང་འགྲོན་མ་དང་། རིང་བསྲེལ་འཕྲུལ་མེད་སོགས་རྟེན་འགངས་ཅན་སྣ་ཚོགས་བཞུགས། འདི་བཞེངས་སྐབས་ཀྱི་ལོ་རྒྱུས་གསལ་བོ་གསེར་ཏོག་དཀར་ཆག་༢༤༧ནང་གསལ་བས་འདིར་མ་བྲིས་སོ། །དེའི་གཡས་གཡོན་དུ་སྤྱན་རས་གཟིགས་དང་། མཐུ་ཆེན་ཐོབ་གཉིས་ཀྱི་སྐུ་བརྙན། གཡས་ཕྱོགས་ལྷ་ཁང་དུ་རྗེ་བདག་ཉིད་ཆེན་པོའི་སྨན་སྐུ། དེ་དག་གི་མཐའ་སྐོར་དུ་རྒྱན་དྲུག་མཆོག་གཉིས་དང་། རྒྱལ་ཚབ། མཁས་གྲུབ། མགོན་པོ་ཆོས་རྒྱལ་སོགས་རྟེན་མང་པོ་བཞུགས་ཡོད། གཡོན་ཕྱོགས་ཀྱི་ལྷ་ཁང་དུ་རྒྱལ་བ་སེང་གེའི་ང་རོའི་སྨན་སྐུ་ཁྱད་འཕགས་ཅན། དེའི་མཐའ་སྐོར་དུ་རྡོ་རྗེ་རྣམ་འཇོམས་གདུགས་དཀར། དབྱངས་ཅན་མ་དང་ལྷ་མོ། རྣམ་སྲས་བཅས་བཞུགས། ནང་གི་ཀ་བའི་མདུན་

དུ་ཆོས་རྗེ་དོན་གྲུབ་རིན་ཆེན་གྱི་ཞབས་རྗེས་དང་ཕྱག་འཁར་གྱི་རྗེས་གསལ་པོར་བཞུགས་པའི་རྡོ་ཕ་བོང་ཆེ་བ་བཅས་བཞུགས། འཇམ་དབྱངས་ཀུན་གཟིགས་ཀྱི་གཡས་ཕྱོགས་སུ་མ་ཎི་ཆོས་འཁོར་ཆེ་བ་ཁང་བཟང་དང་བཅས་པ་བཞུགས།

ལྷ་ཁང་ཆེན་མོའི་གཡོན་ཕྱོགས་ཀྱི་རྫོ་ཁང་ནང་དུ་རྩ་བའི་བླ་མ་འོད་ཟེར་རྒྱ་མཚོས་ཐུགས་ཁུར་བཞེས་ནས་བཞེངས་པའི་རྗེ་བཙུན་བྱམས་པ་དཀར་པོ་བདུན་པའི་སྐུ་ཚད་ཀྱི་སྨན་སྐུ་བྱིན་རླབས་ཅན། སྲས་གཉིས་དང་བཅས་པ། གཡོན་དུ་གསེར་ཟངས་ལས་གྲུབ་པའི་རྫོ་བོ་ཤཱཀྱ་མུ་ནེ་མཆོག་ཟུང་དང་བཅས་པ་བཞུགས།

རྫོ་ཁང་གི་མདུན་དུ་ཟི་ན་མགོན་ཁང་དུ་གྲགས་པ། དེའི་ནང་དུ་ཉ་ཀླུ་ཞབས་དྲུང་ལུང་རིགས་ནོར་བུ་རྒྱ་མཚོས་སྒྲོར་འཛུགས་གནང་བའི་རྗེ་རིན་པོ་ཆེའི་གསེར་སྐུ་ཆེ་བ་ཤིང་ཁྲི་རྒྱབ་ཡོལ་དྲུག་འགྱོག་དང་བཅས་པ་བཞུགས། མཐའ་སྐོར་དུ་ཡི་དམ་ཆོས་སྲུང་གི་སྐུ་བྱིན་ཅན་མང་དུ་བཞུགས།

ཐམས་ཅད་མཁྱེན་པའི་ལྷ་ཁང་དུ། རྒྱལ་བ་བསོད་ནམས་རྒྱ་མཚོའི་སྐུ་གདུང་བྱང་ཆུབ་མཆོད་རྟེན་ཤིང་ལས་བསྒྲུབས་པ། དེའི་སྒོ་བརྒྱན་ནང་དུ་རྗེ་ཉིད་ཀྱི་དངུལ་སྐུ་ཉིད་ཀྱིས་རབ་གནས་མཛད་པ་བྱིན་ཅན་དང་། རྗེ་ཉིད་ཀྱི་ཕྱག་དྲིལ་རྡོ་རྗེ་རྩེ་དགུ་པ་དམ་འབྱར་མ་བཅས་བཞུགས། དེའི་གཡས་སུ་ཨ་ལགས་རྨ་ཕྱག་རི་ཁྲོད་པས་བཞེངས་པའི་མ་ཎི་དུང་ཕྱུར་ལོངས་པའི་ཆོས་འཁོར་ཆེ་བ་གཅིག་བཅས་བཞུགས། གཡོན་དུ་ཡང་མ་ཎིའི་ཆོས་འཁོར་ལྷ་ཁང་ཞིག་ཡོད།

ཚོགས་ཆེན་འདུ་ཁང་ཆེན་མོའི་རྟེན་གཙོ་ནི། འདུ་ཁང་གྲལ་མགོར་གདན་སའི་མཁན་པོ་རིམ་བྱོན་གྱི་བཞུགས་ཁྲི་ཆེན་མོ། དེའི་གཡས་སུ་བླ་མ་དགེ་འདུན་དང་བཅས་པའི་ཐུགས་དམ་གྱི་རྟེན། གསེར་སྐྱོང་ཐུབ་པ་གསེར་སྐུ་མ་ཁྲུད་འཕགས་ཅན། དེའི་གཡས་སུ་པཎ་ཆེན་དཔལ་ལྡན་ཡེ་ཤེས་ཀྱི་བཞུགས་ཁྲི། དེའི་གཡས་སུ་༧རྒྱལ་དབང་བསྐལ་བཟང་རྒྱ་མཚོའི་བཞུགས་ཁྲི། དེའི་གཡས་སུ་གཞུང་ས་དགའ་ལྡན་ཕོ་བྲང་ནས་སྐྱབས་རྗེ་མཚན་སྒྲོགས་མཁན་

ཆེན་དགེ་འདུན་དོན་གྲུབ་ལ་གནང་བའི་ཐུགས་དམ་གྱི་རྟེན། རྗེ་ང་འདྲ་མའི་སྐུ་བཞེས་གཉེན་ཆེན་པོ་ཨ་ཇོ་བླ་མ་ཤེས་རབ་ཕུན་ཚོགས་ཀྱི་ཕྱག་ཏུ་ཕེབས་པ་དཔོན་ཆུང་དགེ་སློང་ཤེས་རབ་བརྩོན་འགྲུས་ཀྱིས་ཕུལ་བ་སོགས་བཞུགས། ཚོགས་ཆེན་འདུ་ཁང་ཆེན་མོའི་བཞུགས་ཁྲིའི་གཡོན་ངོས་སུ་སྐྱབས་མགོན་པཎ་ཆེན་ཐམས་ཅད་མཁྱེན་ཅིང་གཟིགས་པ་ཆེན་པོ་སྐུ་ཕྲེང་བཅུ་པ་རྗེ་བཙུན་བློ་བཟང་ལྷུན་གྲུབ་ཆོས་ཀྱི་རྒྱལ་མཚན་དཔལ་བཟང་པོའི་འདྲ་སྐུ་རིན་པོ་ཆེ་བཞུགས་པ་དེའི་ནང་གི་གཟུངས་གཞུག་ལ་སངས་རྒྱས་འོད་སྲུངས་ཀྱི་འཕེལ་གདུང་། པཎ་ཆེན་སྐུ་ཕྲེང་རིམ་བྱོན་གྱི་ན་བཟའ་དང་། པཎ་ཆེན་ཆོས་ཀྱི་ཉི་མའི་དབུ་ལོ། པཎ་ཆེན་ཐམས་ཅད་མཁྱེན་པ་སྐུ་ཕྲེང་བཅུ་པ་ཆོས་ཀྱི་རྒྱལ་མཚན་གྱི་སྐུ་འཇུག་དང་དབུ་ལོ་ཕྱག་སེན་བྱང་སེམས་དཀར་དམར་དང་ལྡན་པའི་ན་བཟའ། གདུང་ཚ། གདུང་ཁྲུས། རྗེ་ཉིད་ཀྱི་ཕྱག་ཚྭ་འཇིགས་བྱེད་དང་སྟོན་པ་ཤཱཀྱ་ཐུབ་པའི་སྐུ། གཞན་ཡང་སྐྱེས་བུ་དམ་པ་རྣམས་ཀྱི་ན་བཟའ། རྒྱལ་དབང་བཅུ་གསུམ་པའི་ཕྱག་ཚྭ། འཇིགས་བྱེད་དང་མ་ཧེ་བྱིན་ཅན་ཙན་

དན་ལོ་མ་དང་མེ་ཏོག་རྟེན་འདུས་རིལ་བུ་སོགས་ཀྱིས་མཚོན་པའི་རིང་བསྲེལ་སྣ་ཚོགས་པ་ཕྱུར་བུར་གཏམས་པ་ལྷར་བཅས་འགྲོ་བ་ཡོངས་ཀྱི་ཞིང་ས་བླ་ན་མེད་པར་བཞུགས། དེའི་གཡོན་དུ་རྗེ་རིན་པོ་ཆེའི་སྐུ་འདྲ་དང་། གསེར་ཟངས་ལས་གྲུབ་པའི་འོད་དཔག་མེད། དུས་གསུམ་སངས་རྒྱས། བྱམས་པ་གཞོན་ཉམས་ཅན། སྨན་བླའི་བློས་བསླངས་སོགས་རྟེན་མང་དུ་བཞུགས། གཡོན་གྱི་མཐའ་ངོས་སུ་ལྕུམ་སྲིང་གི་རྟེན་ཐང་བྱིན་རླབས་ཅན། དེ་དག་གི་གཡས་གཡོན་གྱི་ཀུན་དགའ་ར་བའི་ནང་དུ་རྗེའི་སྟོང་སྐུ་བྱིན་ཅན།

འདུ་ཁང་ཆེན་མོའི་སྟེང་གི་ལྷ་ཁང་གི་ཀུན་དགའ་ར་བའི་ནང་དུ་གུང་ རུ་མཁའ་འགྲོ་མས་བཞེངས་པའི་རྗེ་བདག་ཉིད་ཆེན་པོའི་ལི་སྐུ་བྱིན་རླབས་ཅན་བཞུགས། འདིའི་ལོ་རྒྱུས་ནི། གསེར་ཏོག་ཡེ་ཤེས་ཐུབ་བསྟན་རྒྱ་མཚོའི་གསུང་དཀར་ཆག་༼༽ནང་གསལ། རྗེ་སྐུ་འདི་ནི་མེ་ཐར་མ་ཡིན་པའི་གསུང་རྒྱུན་ཡང་ཡོད། གཡས་གཡོན་དུ་རྗེ་སྐུ་དང་། གསེར་ཟངས་ལས་གྲུབ་པའི་སྒྲོལ་མ་ཉེར་གཅིག་བཅས་བཞུགས། རྗེ་བདག་ཉིད་ཆེན་པོ་ཉིད་ཀྱིས་ཞངས་

མཚལ་ལས་བསྐྲུན་པའི་རྗེ་བླ་མ་གཙོ་འཁོར་བཅུ་དགུ་པའི་ཞལ་ཐང་། རྗེ་ཉིད་ནས་རབ་གནས་གནང་སྟེ་ཡུམ་ལ་བསྐུར་བའི་གསུང་འབྱོན་མ་འདི། འདུ་ཁང་ཆེན་མོའི་མཐོང་སྟེང་ཀུན་གསལ་ལྷ་ཁང་དུ་བཞུགས་ཡོད་ཅེས་སྐུ་འབུམ་དཀར་ཆག་ཐམས་ཅད་ལས་གསལ་བོར་གསུང་ཡོད་ལགས། འོན་ཀྱང་། འདུ་ཁང་ལ་མེ་དབྲ་ཤོར་སྐབས་འཇིག་སོང་ཟེར་རྒྱུན་ཡང་ཡོད། གང་ལྟར་ཡང་ད་ལྟ་ཀུན་གསལ་ལྷ་ཁང་དུ་བཞུགས་མེད་ལགས། དེ་ཡང་བཤད་ཚུལ་གཅིག་ལ། རྗེའི་ཞལ་ཐང་འཕྲུལ་མེད་ནི་ཚོང་དཔོན་ནོར་བུ་བཟང་པོས་གདན་དྲངས་ཏེ་ཁ་ཏི་ཁ་བའི་ས་ཆར་བཞུགས་ཡོད་ལ། སྐུ་འབུམ་དུ་ཡོད་པ་ནི་ཚོང་དཔོན་ནོར་བཟང་གིས་དེ་དང་འདྲ་བ་ཞིག་བཞེངས་ནས་བཞག་པ་ཡིན་ཞེས་བཤད་ཚུལ་ཡང་ཡོད། ད་ལྟ་མིན་ཏོ་ཛོང་ཁ་ཏི་ཁ་བའི་དགོན་པའི་ནང་དུ་བཞུགས་ཡོད།

འདུ་ཁང་སྟེང་གི་མགོན་ཁང་ཆེན་མོའི་ནང་དུ། འཇིགས་བྱེད་དང་། མགོན་ཆོས། ལྷ་མོ་རྣམ་སྲས་བཅས་ཀྱི་སྐུ་བྱིན་ཅན་དང་། སྒོ་མང་སྐབས་དང་

པོའི་འཛིན་གྲྭའི་ཐུགས་དམ་རྟེན་མགོན་དཀར་ཡིད་བཞིན་ནོར་བུའི་རྟེན་ཐང་ཀུན་དགའ་ར་བ་དང་བཅས་པ། སྔགས་འཆོར་མཁན་ཆེན་བློ་བཟང་རྡོ་རྗེའི་ཐུགས་དམ་གྱི་རྟེན་མགོན་པོ་ཕྱག་དྲུག་པའི་སྐུང་བརྟན་བྱིན་རླབས་ཀྱི་ཚན་ཁ་འབར་བ་དང་བཅས་པ། ཡོང་བློ་ཡོ་རྡོ་རྗེ་འཆང་འཇིགས་མེད་འཕྲིན་ལས་རྒྱ་མཚོས་གནང་བའི་མགོན་པོ་ཕྱག་དྲུག་པའི་ནག་ཐང་བྱིན་རླབས་ཅན་བཅས་བཞུགས། སྨོ་སྙེགས་སུ་ཆོས་རྒྱལ་དང་། ཧྭ་མགྲིན་གྱི་ཞལ་འབག་རབ་གནས་མ་རྣམས་བཞུགས།

འདུ་ཁང་ཐོག་གི་རབ་གསལ་ཆེན་མོའི་ནང་དུ། གསེར་ཟངས་ལས་གྲུབ་པའི་རྡོ་རྗེ་འཇིགས་བྱེད་ལྷ་བཅུ་གསུམ་མའི་སྐུ་བརྟན། དེའི་གཡས་སུ་བཀའ་དྲིན་ཟླ་མེད་སྐྱབས་མཆོག་ཨ་ཀྱཱ་རིན་པོ་བསྟན་པའི་རྒྱལ་མཚན་དཔལ་བཟང་པོ་ནས། རང་རེ་བཤད་སྒྲུབ་གླིང་འདིར་གཞུང་པོ་ཧྲི་ལྷའི་འཆད་ཉན་གོང་འཕེལ་འོང་བའི་དོན་དུ་བཞེངས་པའི་རྗེ་བཙུན་འཇམ་པའི་དབྱངས་ཀྱི་སྐུ་བྱིན་རླབས་ཅན་བཞུགས། རྒྱ་མཐོངས་ཕྱུག་ཏུ་འཇམ་དབྱངས་གོང་མ་ཁང་

ཞེས་རྒྱལ་པོས་གནང་བའི་ཅོ་པན་ཇིན་ཡིང་ཇིན་ཕོ་སྟེ། བོད་སྐད་དུ་བྱང་ཆུབ་མཆོག་གི་འཇུག་ངོགས་ཞེས་པའི་མཚན་བྱང་བཞུགས།

ཞབས་བརྟན་ལྷ་ཁང་གི་རྟེན་པོ་ནི། རྟེན་གྱི་གཙོ་བོ་༧རྒྱལ་དབང་བདུན་པའི་ཞབས་བརྟན་དུ་བཞེངས་པའི་སྨན་འདམ་ལས་བསྒྲུབས་པའི་ཐུབ་དབང་གཙོ་འཁོར་གསུམ་པ་བྱིན་རླབས་ཅན་དང་། གནས་བརྟན་བཅུ་དྲུག་སོགས་སྐུ་རྟེན་དང་གསུང་རྟེན་མང་དུ་བཞུགས། དེའི་གཡས་ངོས་སུ་བཙན་ཁང་ཆུང་བའི་ནང་དུ་གཞི་བདག་ལེའུ་ཆེའི་འདྲ་བརྙན་བྱིན་རླབས་ཅན་བཞུགས། ཕྱི་རོལ་དུ་རྗེ་བླ་མ་ཙོང་ཁ་པའི་ཡུམ་གྱི་ཆུ་སྟེགས་སུ་གྲགས་པ། དམ་ཅན་ཆོས་རྒྱལ་གནས་པའི་རྫོ་ཕ་བོང་བཅས་བཞུགས།

བཙན་ཁང་ཆེན་མོའི་རྟེན་པོ་ནི། གོང་མ་ཁང་ཞེས་ཁྲིར་བཞུགས་གནམ་ལོ་ང་གཅིག་པར་སྐུ་རྟེན་ཆོས་རྗེ་བསྟན་པ་དར་རྒྱས་ནས་གསུང་གི་རྒྱལ་པོའི་སྐུ་བརྙན་བྲོན་གཙང་ཞིག་བཞེངས། དེ་ནས་ཁྲི་ཆེན་ཉེར་ལྔ་པ་ཟླ་ན་ཆོས་རྗེ་ངག་དབང་བསྟན་པའི་སྐབས། ཆོས་རྗེ་རིན་ཆེན་དཔལ་ལྡན་གྱིས་

བཞེངས་པའི་སྐུ་ཡོན་ཏན་དང་འཕྲིན་ལས་རྒྱལ་པོ་གསང་ཡུམ་ལྷ་དང་བློན་པོ་ལྷ་བཅས་པའི་སྐུ་བརྙན་དང་། གཞན་ཡང་དམ་ཅན་སོགས་ཀྱི་སྐུ་བརྙན་བཅས་བཞུགས། གཙོ་བོའི་གཡས་ཀྱི་མཐའ་ངོས་སུ་ཀུན་དགའ་ར་བའི་ནང་རོལ་ཏུ། ལོ་ཙ་རྒྱ་ནས་གདན་དྲངས་པའི་༸རྒྱལ་མཆོག་བསོད་ནམས་རྒྱ་མཚོའི་སྐུ་ཤམ་སྟེང་བྲིས་པའི་གསུང་གི་རྒྱལ་པོའི་ཞལ་ཐང་བྱིན་རླབས་ཀྱི་ཚན་ཁ་འབར་བ་ཅན་བཞུགས་ཡོད། ཁྲི་ཆེན་ང་གསུམ་པ་རྒྱ་ཡག་མཁན་ཆེན་བློ་བཟང་མཁྱེན་རབ་བསྟན་པའི་ཉི་མའི་སྐབས། གསེར་ཁང་རྡོ་རྗེ་འཆང་ནས་བཀོད་ཁྲབ་མཛད་དེ། ཨ་ལགས་ཆུ་མ་ལྷ་བཟོས་བཞེངས་པའི་འཕྲིན་ལས་རྒྱལ་པོའི་སྣང་བརྙན་བྱིན་ཅན། དེའི་ནང་རྟེན་ལ་སྒྲོག་འཁོར་དང་རིང་བསྲེལ་སོགས་རྟེན་སྣ་མང་དུ་བཞུགས། མདུན་གྱི་ཀུན་དགའ་ར་བའི་ནང་དུ་སྐུ་ལྷའི་གསེར་སྐུ་སོགས་རྟེན་འབགངས་ཆེན་དུ་མ། དེའི་གཡས་གཡོན་ཕྱོགས་སུ་སྤྱན་རས་གཟིགས་སྣ་ཚོགས་ཡོད་པ་དང་། གཡས་ཕྱོགས་ཀྱི་གྲལ་དུ་༸པཎ་ཆེན་ཐམས་ཅད་མཁྱེན་པ་ཆོས་ཀྱི་ཉི་མའི་ཞབས་ཧྲ་དཀར་པོའི་གསོལ་འཕྲུལ་མེད་

བཞུགས། སྙིང་གི་མཆོད་ཁང་ནང་སྦྲུག་ཏུ་གསུང་གི་རྒྱལ་པོ་སོགས་ཀྱི་ཞལ་ཐང་བྱིན་རླབས་ཅན་གསུམ་དང་། དེའི་མདུན་དུ་མཆོད་རྟེན་ཞིག་ཡོད། རབ་གསལ་གྱི་ནང་རོལ་ཏུ་སློབ་དཔོན་སྣང་སྲིད་ཟིལ་གནོན་གྱི་སྐུ་ཆེ་བ་བྱིན་རླབས་ཅན་ཞིག་ཡོད། ཕོ་བྲང་སྒོ་ཁའི་གཡས་གཡོན་གྱི་ལྡེབས་རིས་ལ། ཡང་ལེ་བེར་དང་བློན་པོ་པུ་ཏྲ་ནག་པོ་གཉིས་བཞུགས། ཁྱམས་རའི་གཡས་གཡོན་དུ་བློན་པོ་རྡོ་རྗེ་གྲགས་ལྡན་དང་། བློན་པོ་སྦྲ་སྦྲེལ་གཉིས་བཞུགས།

བློན་པོ་བཙན་ཁང་གི་རྟེན་གཙོ་ནི། བཙན་ཁང་ཆུང་བ་ད་ལྟ་བློན་པོ་བཙན་ཁང་དུ་གྲགས་པ། དེའི་ནང་དུ་སྐུ་རྟེན་པ་རྒྱལ་མཚན་བཟང་པོས་བཞེངས་པའི་བློན་པོ་རྡོ་རྗེ་གྲགས་ལྡན་གྱི་སྐུ་བརྙན་བྱིན་རླབས་ཅན་འདི་བཞེངས་སྐབས། ངོ་མཚར་བའི་མཚན་མ་མང་དུ་བྱུང་། གཞན་ཡང་འཕྲིན་ལས་རྒྱལ་པོ་སོགས་སྐུ་བརྙན་མང་དུ་བཞུགས།

རྒྱུད་པ་གྲྭ་ཚང་གི་རྟེན་གཙོ་ནི། འདུ་ཁང་གྲལ་འགོའི་དབུས་དཀྱིལ་དུ་རྒྱུད་པ་མཁན་པོ་རིམ་བྱོན་གྱི་བཞུགས་ཁྲི། གཡས་སུ་ཚོགས་ཆེན་གཞུང་ནས་

རྟེན་སྐལ་དུ་གནང་བ། གསེར་ཟངས་ལས་གྲུབ་པའི་སྟོན་པའི་སྐུ། གསེར་ཟངས་ལས་གྲུབ་པའི་བདེ་གསང་འཇིགས་གསུམ་གྱི་སྐུ། གསེར་ཟངས་ལས་གྲུབ་པའི་རྗེ་སྐུ་ཁྲི་རྒྱབ་ཡོལ་དང་བཅས་པ། གསེར་ཟངས་ལས་གྲུབ་པའི་གསང་བདེ་འཇིགས་གསུམ་གྱི་བློས་བསླངས་སོགས་བཞུགས། གཡོན་དུ་རྗེ་བཙུན་བྱམས་པའི་ཞིང་སྐུ་གཞུང་ནས་རྟེན་སྐལ་དུ་གནང་བ་དང་། རྗེ་ཤེས་རབ་སེང་གེའི་སྐུ་བརྙན་སོགས་བཞུགས། གཞན་ཡང་རང་ཅག་རྣམས་ཀྱི་བཀའ་དྲིན་གསུམ་ལྡན་གྱི་རྩ་བའི་བླ་མ་མི་ཉག་རྡོ་རྗེ་འཆང་ཆེན་པོ་རྗེ་བཙུན་ངག་དབང་ལེགས་བཤད་རྒྱ་མཚོ་དཔལ་བཟང་པོའི་དངུལ་གདུང་མཆོད་རྟེན། དེའི་སྒོ་ཁྱིམ་ནང་དུ་ཕ་བླ་མ་དེ་ཉིད་ཀྱིས་འབྲལ་སྤྱངས་ཐུབ་པ་བྱིན་རླབས་ཀྱི་ཚན་ཁ་ཅན་བཞུགས་ཡོད། དེའི་གཡོན་དུ་རྭ་ཁོ་ཧོ་ཐོག་ཐུའི་གདུང་རུས་བཞུགས་པའི་དངུལ་གདུང་མཆོད་རྟེན་བཅས་བཞུགས།

མཆོད་ཁང་སྨུག་ཏུ། སྨན་འདམ་ལས་བསྒྲུབས་པའི་རྒྱལ་བ་བྱམས་པའི་སྐུ་ཚད་ཉིས་ཐོག་ཅན། དེའི་ནང་རྟེན་དུ་བདེ་བར་གཤེགས་པའི་འཕེལ་

གདུང་སྐྱེས་ཆེན་དམ་པ་རྣམས་ཀྱི་གདུང་རུས་དང་། ན་བཟའ་སོགས་རྟེན་སྣ་ཚོགས་བཞུགས། གསེར་ཟངས་ལས་གྲུབ་པའི་རྗེ་བོ་ཨ་ཏི་ཤའི་སྐུ་དང་། རྗེ་རིན་པོ་ཆེའི་འདྲ་སྐུ་སོགས་བཞུགས། སྡེ་དགེ་བཀའ་འགྱུར་ཆ་ཚང་དང་། བསྟན་འགྱུར་ཆ་ཚང་སོགས་གསུང་རབ་མང་དུ་བཞུགས། བཙན་ཁང་འོག་མའི་ནང་དུ་གསེར་ཟངས་ལས་བསྒྲུབས་པའི་དམ་ཅན་མགར་ནག་གི་སྐུ་དང་། རྟེན་ཐང་སོགས་བཞུགས། སྟེང་སོའི་བཙན་ཁང་ནང་དུ་ཟི་ན་ཆོས་རྗེ་ལེགས་པ་རྒྱལ་མཚན་གྱི་བཀའ་སྲུང་དྲག་རྩལ་ཆེ་ཞིང་འཕྲིན་ལས་མྱུར་བའི་མགར་ནག་གི་སྨན་སྐུ་རང་བྱོན་མར་གྲགས་པ་པཎ་ཆེན་བློ་བཟང་དཔལ་ལྡན་ཡེ་ཤེས་ནས་གནང་བའི་གོས་དཀར་པོའི་ན་བཟའ་ཅན་ཀུན་དགའ་ར་བ་དང་བཅས་པ་བཞུགས། འདིའི་ལོ་རྒྱུས་ཞིབ་པར་ཤེས་འདོད་ན་གསེར་ཏོག་ཚུལ་ཁྲིམས་རྒྱ་མཚོའི་གསུང་གི་སྐུ་འབུམ་དཀར་ཆག་ལས་ཤེས་པར་བྱའོ། །ཀུན་དགའ་ར་བའི་ནང་གི་གཡས་གཡོན་རྒྱབ་གསུམ་དུ་ཏ་ཚག་རྗེ་དྲུང་དང་ཨ་ཀྱཱ་བློ་བཟང་བསྟན་པའི་རྒྱལ་མཚན་གཉིས་ཀྱི་ཕྱག་བྲིས་དམ་ཅན་ར་ཆིབས་ཀྱི་

ཞལ་ཐང་དང་གསེར་ཐང་གཉིས། རྣ་ཕོ་ཤེས་རབ་ཆོས་འབྱོར་གྱིས་གནང་བའི་དམ་ཅན་ར་ཆིབས་ཀྱི་ཞལ་ཐང་སོགས་རྟེན་བྱིན་རླབས་ཅན། པཎ་ཆེན་དཔལ་ལྡན་ཡེ་ཤེས་ཀྱིས་གནང་བའི་མེ་མདའ་དང་ཐོ་བ། སྐུ་འབུམ་བཙན་ཁང་ནས་གནང་བའི་ལྕགས་ཀྱི་དགྲ་སྟ། པཎ་ཆེན་ཆོས་ཀྱི་ཉི་མས་གནང་བའི་མེ་མདའ་དང་ཤང་ལང་སོགས་ཡོད། གཞན་ཡང་སྟོན་པ་དང་། སྒྲོལ་སྐུ་སོགས་བྲིས་འབུར་གྱི་སྐུ་མང་དུ་བཞུགས་པའོ། །མགོན་ཁང་ནང་དུ། མྱུར་མཛད་ཡེ་ཤེས་ཀྱི་མགོན་པོ་ཕྱག་དྲུག་པ་གཙོ་འཁོར་དང་བཅས་པའི་རྟེན་ཐང་གཙགས་དྲུབ་མ་རིན་པོ་ཆེ་དུ་མའི་རྒྱན་གྱིས་སྤྲས་པ། ལྕང་སྐྱ་རྡོ་རྗེ་འཆང་དང་ཐུའུ་བཀྭན་རྡོ་རྗེ་འཆང་རྣམ་གཉིས་ཀྱི་ཐུགས་དམ་རྟེན་འཁྲུལ་མེད་བྱིན་རླབས་ཅན། འདི་ནི་སུ་ཏིག་རྒྱན་གྱིས་སྤྲས་པ་ཡིན་པས་དེང་སང་སུ་ཏིག་མགོན་པོ་ཞེས་གྲགས། ཆེ་ཤོས་ལྷ་བཟོ་བློ་བཟང་བཤེས་གཉེན་གྱིས་བཞེངས་པའི་མགོན་པོ་ཕྱག་དྲུག་པའི་རྟེན་ཐང་བྱིན་རླབས་ཅན་སོགས་བཞུགས། སྒྲོལ་མའི་ལྷ་ཁང་ནང་དུ། ཁལ་ཁ་རྗེ་བཙུན་དམ་པས་གནང་བའི་སྒྲོལ་མའི་སྐུ་

བྱིན་ཅན། འདི་རྟེན་གྱི་གཙོ་བོར་བཞུགས། རབ་གསལ་ནང་དུ། རྟེན་གྱི་གཙོ་བོ་རྗེ་བླ་མའི་ཡུམ་ཤིང་བཟའ་ཨ་ཆོས་ཀྱི་དབུ་ཐོད་འབྲུ་གསུམ་གྱི་ཡི་གེ་རང་བྱོན་འབུར་དོད་ཡོད་པ་བྱིན་རླབས་ཀྱི་ཚན་ཁ་འབར་བ་བཅས་བཞུགས།

སྨན་པ་གྲྭ་ཚང་གི་རྟེན་བོ་ནི། འདུ་ཁང་ནང་གི་དབུས་སུ་དཔོན་སློབ་རིམ་བྱོན་གྱི་བཞུགས་ཁྲི། དེའི་གཡས་སུ་རྗེ་ང་འདྲ་མའི་སྐུ། རྗེ་བདག་ཉིད་ཆེན་པོའི་སྐུ། སྒྲོལ་མའི་སྐུ། བདེ་གཤེགས་བརྒྱད་ཀྱི་བློས་བསླངས་བྱིན་ཅན་སོགས་བཞུགས། གཡོན་ཕྱོགས་སུ་སྤྱན་རས་གཟིགས་ཀྱི་སྨན་སྐུ་དང་། བྱམས་པའི་སྐུ། ཙན་དན་དམར་པོ་ལས་གྲུབ་པའི་དཔལ་ལྡན་ལྷ་མོ་གཙོ་འཁོར་གསུམ་གྱི་སྐུ། གཞན་ཡང་། འཇིགས་བྱེད། མགོན་ཆོས་ལྷ་མོ། རྣམ་སྲས་ཞང་བློན་བཅས་ཀྱི་སྐུ་བྱིན་རླབས་ཅན་མང་དུ་བཞུགས། གཞན་ཡང་། རྒྱལ་བའི་བཀའ་འགྱུར་བྲིས་མ་ཆ་ཚང་བ་གཅིག་དང་དཔར་མ་ཆ་ཚང་གཅིག་བཅས་བཞུགས། འདུ་ཁང་སྟེང་གི་མཆོད་རྟེན་ཁང་ནང་དུ། སྨན་འདམ་ལས་གྲུབ་པའི་སངས་རྒྱས་སྨན་བླའི་སྐུ་བྱིན་རླབས་ཅན། གསེར་ཟངས་ལས་གྲུབ་

པའི་སྨན་བླ་མཆེད་བརྒྱད། གུང་རུ་མཁའ་འགྲོ་མའི་ཕྱག་རྗེས་ཕབ་པའི་རྡོ་བྱིན་ཅན་སོགས་མང་དུ་བཞུགས། མདུན་ངོས་རབ་གསལ་ནང་དུ། ཡང་གསང་ཁྲོས་པ་ལྷ་དགུའི་ཞལ་ཐང་སྐྱེས་བུ་དམ་པ་དུ་མས་བྱིན་གྱིས་བརླབས་པའི་རྟེན་ཁྱད་པར་ཅན་དང་། ཡང་གསང་གི་སྐུ་བྱིན་རླབས་ཅན་དང་། གསེར་ཧོག་ཚུལ་ཁྲིམས་རྒྱ་མཚོའི་འདྲ་སྐུ་སོགས་བཞུགས། གཡས་ཀྱི་མགོན་ཁང་དུ། ཡི་དམ་ཆོས་སྐྱོང་རྣམས་ཀྱི་རྟེན་ཐང་བྱིན་རླབས་ཅན་དང་། སྨན་འདམ་ལས་བསྒྲུབས་པའི་གནོད་སྦྱིན་ཞང་བློན་རྡོ་རྗེ་བདུད་འདུལ་སྡེ་ལྔ་ཡུམ་དང་བཅས་པའི་སྐུ་བྱིན་ཅན། ཆུ་བཟང་བློ་བཟང་བསྟན་པའི་རྒྱལ་མཚན་གྱི་རབ་གནས་མ་སོགས་བཞུགས། དེའི་མདུན་གྱི་ལྷ་མོ་ཁང་དུ། སྨན་འདམ་ལས་གྲུབ་པའི་དཔལ་ལྡན་དམག་ཟོར་རྒྱལ་མོའི་སྐུ། རྒྱལ་དབང་སྐལ་བཟང་རྒྱལ་མཚོ་དང་། པཎ་ཆེན་དཔལ་ལྡན་ཡེ་ཤེས་ཀྱི་རབ་གནས་མ་བྱིན་ཅན། གཞན་ཡང་། ཆོས་རྗེ་དོན་གྲུབ་རིན་ཆེན་གྱི་འདྲ་སྐུ་དང་། རྟ་མགྲིན་གསང་སྒྲུབ་སོགས་སྐུ་རྟེན་མང་དུ་བཞུགས། གཡོན་གྱི་བཙན་ཁང་ནང་དུ། སྨན་འདམ་ལས་གྲུབ་པའི་

བཀའ་སྲུང་དམ་ཅན་རྡོ་རྗེ་ལེགས་པ་དང་། ནོར་སྒྲུབ་བཅས་ཀྱི་སྐུ་བརྙན་ལ་༧རྒྱལ་དབང་ཡབ་སྲས་ཀྱིས་བཀའ་བསྒྲོ་མཛད་པ་བྱིན་རླབས་ཅན་བཅས་བཞུགས་ཡོད་དོ། །

དུས་འཁོར་གྲྭ་ཚང་གི་རྟེན་པོ་ནི། འདུ་ཁང་ནང་གི་དབུས་སུ་དཔོན་སློབ་རིམ་བྱོན་གྱི་བཞུགས་ཁྲི། གཡས་སུ་ཀུན་དགའ་ར་བའི་སྒོ་ཁྱིམ་ཆུང་བ་གོང་མ་རྣམས་ཀྱི་ནང་དུ་གསེར་ཟངས་ལས་གྲུབ་པའི་དུས་འཁོར་ཞལ་ཕྱག་ཡོངས་རྫོགས་ཀྱི་སྐུ་བྱིན་ཅན་དང་། ཐུབ་དབང་གི་སྐུ། སྤྱན་རས་གཟིགས་ཀྱི་སྐུ་སོགས་བཞུགས། སྒོ་ཁྱིམ་དཀྱིལ་མའི་ནང་དུ་སྐྱབས་རྗེ་ཆེ་ཤོས་མཁན་ཆེན་བློ་བཟང་བྱང་ཆུབ་བསྟན་པའི་སྒྲོན་མེ་དཔལ་བཟང་པོ་ནས་བཞེངས་བསྒྲུབས་ཀྱི་རྟེན་སྐལ་དུ་གནང་བའི་དུས་ཀྱི་འཁོར་ལོ་ཞལ་ཕྱག་ཡོངས་རྫོགས་ཀྱི་སྐུ་གསེར་ཟངས་ལས་བསྒྲུབས་པ་བྱིན་རླབས་ཅན་བཞུགས། དེའི་གཡས་སུ་གསེར་ཟངས་ལས་བསྒྲུབས་པའི་འཇམ་དབྱངས་དང་། རྗེ་བླ་མའི་སྐུ་བརྙན། ཚེ་ལྷ་རྣམ་གསུམ་སོགས་བཞུགས། བཞུགས་ཁྲིའི་གཡོན་དུ་སྨན་འདམ་ལས་

བསྒྲུབས་པའི་རྒྱལ་བ་བྱམས་པའི་སྐུ་བརྙན་ཆེ་བ་རིན་པོ་ཆེ་དུ་མའི་ཕྲ་རྒྱན་སྣ་ཚོགས་ཀྱིས་སྤྲས་པའི་ཤིང་ཁྲི་རྒྱབ་ཡོལ་དྲུག་འགྲོག་དང་བཅས་པ་བཞུགས། དེའི་གཟུངས་གཞུག་ནང་དུ་བདེ་བར་གཤེགས་པའི་འཕེལ་གདུང་གསུམ་དང་། རྒྱལ་དབང་སྐུ་ཕྲེང་རིམ་བྱོན་དང་། པཎ་ཆེན་སྐུ་ཕྲེང་རིམ་བྱོན་གྱི་ན་བཟའ་ཕྱག་ཚྭ། པཎ་ཆེན་ཆོས་ཀྱི་ཉི་མའི་དབུ་ལོ། སྐྱབས་མཆོག་མི་ཉག་རྡོ་རྗེ་འཆང་ངག་དབང་ལེགས་བཤད་རྒྱ་མཚོ་དཔལ་བཟང་པོའི་ན་བཟའ་དང་ཕྱག་ཕྲེང་། གཞན་ཡང་སྐྱེས་བུ་དམ་པ་དུ་མའི་ན་བཟའ་དང་ཕྱག་ཚྭ། ཙན་དན་ལོ་མ་དང་མེ་ཏོག་སོགས་རིང་བསྲེལ་རྣམ་བཞིས་ཕྱུར་བུར་གཏམས་པ། གཡོན་དུ་གསེར་ཟངས་ལས་བསྒྲུབས་པའི་ཚེ་ལྷ་རྣམ་གསུམ་གྱི་སྐུ་འདྲ། གཡོན་ངོས་སུ། བཀའ་སྲུང་རྡོ་རྗེ་ཤུགས་ཀྱི་ཞལ་ཐང་དྲག་རྩལ་ཅན། རྒྱབ་དུ་པཎ་ཆེན་རིན་པོ་ཆེའི་ཕྱག་རྗེས་ཕབ་ཟིན་པ་བྱིན་རླབས་ཅན་དེའི་མདུན་དུ་སྨན་འདམ་ལས་བསྒྲུབས་པའི་རྡོ་རྗེ་ཤུགས་ཀྱི་སྐུ་བརྙན། གཞན་ཡང་སྐུ་རྟེན་དང་གསུང་རྟེན་མང་དུ་བཞུགས། སྟེང་གི་བཙན་ཁང་ནང་དུ། གསེར་ཟངས་ལས་བསྒྲུབས་

པའི་རྒྱལ་པོ་ཆེན་པོ་རྣམ་སྲས་ཀྱི་སྐུ་བྱིན་རླབས་ཅན། རྒྱ་གར་ལི་མའི་ཆོ་སྐུ་གསུང་འགྲོན་མ། རི་བོ་རྩེ་ལྔའི་རྡོ་ལ་བརྐོས་པའི་འཇམ་དབྱངས་རིགས་ལྔ། འཕྲིན་ལས་རྒྱལ་པོ་སོགས་རྟེན་འགངས་ཆེན་དུ་མ་བཞུགས། རབ་གསལ་དུ། རིགས་ལྡན་དྲག་པོ་འཁོར་ལོ་ཅན་གྱི་གསེར་སྐུ་མི་ཚད་ཅན་བྱིན་རླབས་ཀྱི་གཟི་འོད་འབར་བ་འདི་རྟེན་གྱི་གཙོ་བོར་བཞུགས།

གཉིམ་ཁང་གོང་མར་གྲགས་པ་ཐུགས་རྗེ་ཆེན་པོའི་ལྷ་ཁང་ནི། རབ་བྱུང་བཅུ་དྲུག་པའི་ཤིང་བྱི་སྟེ་སྤྱི་༡༩༤༨ ལོའི་ཟླ་བདུན་པ་ནས་མགོ་བརྩམས་ཏེ་སྔར་ཡང་གསར་དུ་བཞེངས། དེའི་ནང་གི་རྟེན་གྱི་གཙོ་བོ་སྨན་འདམ་ལས་གྲུབ་པའི་ཐུགས་རྗེ་ཆེན་པོ་ཕྱག་སྟོང་སྤྱན་སྟོང་གི་སྐུ་བརྟན་གསར་བཞེངས་བྱས། དེའི་གཟུངས་གཞུག་ཏུ་སངས་རྒྱས་འོད་སྲུངས་ཀྱི་འཕེལ་གདུང་། རྗེ་བདག་ཉིད་ཆེན་པོ་དང་ཇོ་བོ་རྗེའི་ན་བཟའི་ཚལ་བུ། རྒྱལ་སྲས་སྤྲུལ་མ་སོགས་སྐྱེས་ཆེན་དམ་པ་རྣམས་ཀྱི་ཕྱག་ཚྭ། ཟི་ན་མཆོག་སྤྲུལ་རིན་པོ་ཆེ་ནས་གནང་བའི་འཇམ་སྤྱད་བཟང་གསུམ་སྨྱུང་གནས་ཆོ་ག་དང་བཅས་པ། བྱང་ཆུབ་ཀྱི་

ཞིང་གི་ལོ་མ་དང་ཙན་དན་ལོ་མ་མེ་ཏོག་སོགས་རིང་བསྲེལ་སྣ་ཚོགས། སྟོན་གྱི་ཐུགས་རྗེ་ཆེན་པོའི་སྐུ་བརྙན་རྙིང་པའི་གཟུངས་གཞུག་ནང་གི་གསོལ་དཀར་ཞིག་ཡོད་པ་དེ་དང་བཅས་བཞུགས། གཞན་ཡང་གཡས་གཡོན་དུ་རིགས་གསུམ་མགོན་པོ་སོགས་སྐུ་རྟེན་མང་དུ་ཡོད་ལགས། ཕྲན་ནས་ཕུལ་བའི་དཔལ་ལྡན་ལྷ་མོའི་རྟེན་ཐང་དང་བཅས་བཞུགས། བོད་ཟླ་བཅུ་པའི་ཚེས་བཅུ་དགུ་ནས་བཟུང་ཉིན་གསུམ་གྱི་རིང་འཇིགས་མཛད་ལྷ་བཅུ་གསུམ་མའི་སྒོ་ནས་རབ་གནས་ཀྱི་ཆོ་ག་རྒྱས་པར་མཛད།

ཕྱི་སྐོར་དང་ནང་སྐོར་གྱི་ཚད་ནི། གསེར་སྡོང་མཆོད་རྟེན་གྱི་ཁོར་ཡུག་དུ་གཞུ་འདོམ་བཅུ་དྲུག་དང་། ལྷ་ཁང་ཆེན་མོའི་ཁོར་ཡུག་དུ་གཞུ་འདོམ་ལྔ་བཅུ་ལྷག་ཡོད། ཕྱི་སྐོར་དུ་གཞུ་འདོམ་སྟོང་གཉིས་དང་བཞི་བརྒྱ་ཉི་ཤུ་བཅས་ཡོད། ཕྱི་སྐོར་ལ་སྐོར་བ་བྱས་ན་གྲངས་ཚད་སུམ་བརྒྱ་དང་ལྔ་བཅུ། བརྒྱངས་ཕྱག་གི་ཚད་ནི་བདུན་རེ། ལྷ་ཁང་ཆེར་མོར་སྐོར་ཚད་སུམ་ཁྲི་བཞི་སྟོང་། རྫོ་ཁང་། བྱམས་ཁང་། མགོན་ཁང་བཅས་ཡོངས་རྫོགས་ལ་སྐོར་བ་བྱས་ན།

དྲུག་སྟོང་སྐོར་ཚད་དུ་གསུངས་སོ། །གསེར་སྟོང་ཆེན་མོའི་མདུན་དུ་ཕྱག་འབུམ་ཕྲག་གཅིག་གི་གྲངས་ལོངས་ན། ཕྱག་གཅིག་གི་ཚད་དུ་འཛོག་པ་ཡིན་ནོ།།

སྨྲས་པ། འདི་བྱས་མཐུ་ལས་འདྲེན་མཆོག་ཡབ་རྗེ་མགོན་པོ་གང་། །གང་གིས་ཞབས་ཟླུང་མི་ཤིགས་གདོང་ལྔའི་ཁྲི་འཕང་མཆོག །མཆོག་ཏུ་བསྟན་ཅིང་སྐལ་ལྡན་བདག་སོགས་ཚེ་རབས་ཀུན། །ཀུན་ཏུ་འབྲལ་མེད་མཉེས་བཞིན་རྗེས་སུ་འཛིན་གྱུར་ཅིག །བཤད་སྒྲུབ་འབྱུང་གནས་སྐུ་འབུམ་ཆོས་ཀྱི་སྡེ། །དགེ་འདུན་ཚོགས་རྣམས་ཐུགས་མཐུན་ཁྲིམས་གཙང་ཞིང་། །བཤད་སྒྲུབ་འཆད་ཉན་ཡར་ངོའི་ཟླ་བཞིན་འཕེལ། །བཀྲ་ཤིས་དགེ་མཚན་རྟག་ཏུ་རྒྱས་གྱུར་ཅིག །ཡངས་པའི་རྒྱལ་ཁམས་སྤྱི་དང་བྱེ་བྲག་ཏུ། །ཕྱོགས་འདིར་མི་ཤིས་མཚན་མས་རྟག་ཏུ་དབེན། །བདེ་སྐྱིད་རྫོགས་ལྡན་བཀྲ་ཤིས་དགེ་མཚན་རྒྱས། །མི་ནུབ་རྒྱལ་བསྟན་ཡུན་དུ་གནས་གྱུར་ཅིག །འདི་སྨྲ་བོ་ཡང་སྐྱེ་བའི་ཕྲེང་བ་ཀུན། །འཇམ་

མགོན་སྙན་བརྒྱུད་བསྟན་དང་མི་འབྲལ་ཞིང་། །མདོ་སྔགས་གཞུང་ལ་ཐོས་བསམ་དཔྱད་སྒོམ་སོགས། །ཡིད་ལ་སྨོན་པ་ཇི་བཞིན་འགྲུབ་གྱུར་ཅིག །ཅེས་ཕྱོགས་ཐམས་ཅད་ལས་རྣམ་པར་རྒྱལ་བའི་ཆོས་སྡེ་ཆེན་པོ་སྐུ་འབུམ་བྱམས་པ་གླིང་གི་དཀར་ཆག་ཀུན་གསལ་ལྟ་བའི་མེ་ལོང་ཞེས་བྱ་བ་འདི་ནི་དོན་གཉེར་ཅན་འགའ་ཞིག་ནས་འདི་ལྟ་བུ་ཞིག་བསྒྲིག་དགོས་ཞེས་བསྐུལ་བའི་ངོར། སྐུ་འབུམ་ཆེ་ཤོས་སྤྲུལ་མིང་བ་བློ་བཟང་དཔལ་ལྡན་ལུང་རིགས་རྒྱ་མཚོ་ནས། ཀུན་མཁྱེན་འཇིགས་མེད་དབང་པོའི་གདན་རབས་སུ་ཏིག་འཕྲེང་བ། གསེར་ཏོག་ཡེ་ཤེས་ཐུབ་བསྟན་རྒྱ་མཚོས་མཛད་པའི་དཀར་ཆག་རྣ་བའི་བཅུད་ལེན། བཀའ་བཞི་བ་མཚོ་བྱུང་རོལ་པའི་བློ་གྲོས་ཀྱིས་མཛད་པའི་དཀར་ཆག་རབ་གསལ་མེ་ལོང་། གསེར་ཏོག་རིན་པོ་ཆེ་བློ་བཟང་ཚུལ་ཁྲིམས་རྒྱ་མཚོས་མཛད་པའི་གདན་རབས་དོན་ལྡན་ཚངས་པའི་དབྱངས་སྙན་སོགས་ཐམས་ཅད་ལས་བཏུས་ཏེ་མདོར་བསྡུས་ཤིག་བྲིས་པ་དགེ་ལེགས་འཕེལ།། ||